中国贸易运行监控报告 2018

推动形成全面开放新格局

上海 WTO 事务咨询中心

上海人民出版社

出版说明

上海 WTO 事务咨询中心(下称中心)自 2011 年开始编撰出版年度《中国贸易运行监控报告》。编辑本报告的目的是:在研究影响中国贸易变动的国内外法律法规和政策的基础上,运用中心多年积累和收集的各种统计数据对中国贸易的流向和流量的变化做出分析,并对贸易与中国国内宏观经济变动和产业发展的相互关系提出独立的看法。因此,《中国贸易运行监控报告》实际上是对中国贸易的外部环境变化、中国对外贸易流量和流向变动,以及贸易对中国的主要产业及宏观经济的影响进行全面跟踪与分析的年度研究报告。

2018 年版报告在中心总裁王新奎教授指导下,具体由中心张磊研究员、伍穗龙博士、彭越博士及复旦大学叶明博士等负责撰写,中心其他部门有关同志及部分外部专家也参与了此项工作。

如对本书有何建议、评论或批评,请通过以下电子邮件和编者联系。

电子邮件地址:zhangl@sccwto.org

上海 WTO 事务咨询中心

2018 年 6 月

目　录

上编　2017 年中国贸易运行监控报告 …… 1

1. 贸易环境:世界经济贸易增长较快,但不确定性也有增加 …… 1

2. 贸易政策:对外贸易发展与政策实现新突破 …… 37

3. 贸易运行指数:2017 年特征与 2018 年展望 …… 65

下编　全球价值链下中国的吸收外资政策:经验回顾与未来方向 …… 89

1. 全球价值链下的国际投资及其政策演进新趋势 …… 89

2. 国际投资促进发展中国家实现在全球价值链上升级的国际经验 …… 99

3. 中国积极吸收外国投资,实现在全球价值链上发展之回顾 …… 104

4. 中国吸收外资政策面临的新挑战与调整的新方向 …… 145

上编　2017年中国贸易运行监控报告

1. 贸易环境：世界经济贸易增长较快，但不确定性也有增加

1.1 世界经济和国际贸易再现增长局面，但影响未来发展的负面因素也日益增多

2017年，在全球居民消费、企业投资回升带动下，世界经济增速重新回到国际金融危机前20年平均水平。国际货币基金组织(IMF)2018年4月发布的《世界经济展望》报告显示，2017年世界经济增长率达3.8%，高出2016年0.7个百分点，为2012年以来增长最快的一年。至少120个经济体经济增长出现好转，是2010年以来首次呈现全球经济同步好转局面。中国、欧元区、美国和日本经济增速超出预期，增长率分别达6.9%、2.3%、2.3%和1.7%，分别高出上年0.2个、0.6个、0.7个和0.7个百分点。

进入2018年后，各界预计世界经济仍将保持增长态势。国际货币基金组织预计，得益于贸易和投资增长，2018年全球经济有望持续回升，增长率将为3.9%，略好于2017年。其中，发达国家增长2.5%，美国增长率高达2.9%；新兴经济体和发展中国家增长4.9%，高出上年0.1个百分点，中国和印度增长率仍将达到6.6%和7.4%，继续成为全球经济增长动力的重要来源。

但是，受"逆全球化"的贸易投资政策以及发达国家加息、减税等宏观经济调整影响，全球企业和消费者信心目前也出现了显著波动。对此，国际货币基金组织也表示，相关全球经济增长预期并未考虑贸易摩擦增加这一因素。如果保护主义持续加剧、政治和贸易紧张升级，恐怕也将破坏全球经济增长势头。

国际贸易与世界经济增长之间有着密切的联系，较快的经济增长通常伴随着更快的贸易增长，反之亦然。2008年国际金融危机后，世界经济增长持续低迷，国际贸易增速也在同步下滑。伴随近期世界经济增长的提速，国际贸易发展也呈现向好趋势，总体表现出全球贸易量价齐升的态势。根据世界贸易组织

(WTO)统计数据显示,2017年全球贸易量增长4.7%,达到2011年以来的最高水平,明显高于世界经济3.8%的增速。2017年全球出口额达17.2万亿美元,增长11%,其中原油等商品价格上涨成为重要的助推因素。

表A1.1　2016—2019年世界经济增长趋势　　单位:%

年　份	2016	2017	2018	2019
世界经济	3.2	3.8	3.9	3.9
发达国家	1.7	2.3	2.5	2.2
美　国	1.5	2.3	2.9	2.7
欧元区	1.8	2.3	2.4	2.0
英　国	1.9	1.8	1.6	1.5
日　本	0.9	1.7	1.2	0.9
新兴市场和发展中国家	4.4	4.8	4.9	5.1
俄罗斯	−0.2	1.5	1.7	1.5
中　国	6.7	6.9	6.6	6.4
印　度	7.1	6.7	7.4	7.8
巴　西	−3.5	1.0	2.3	2.5
南　非	0.6	1.3	1.5	1.7

注:2018年和2019年为预测值。
资料来源:国际货币基金组织:《世界经济展望》,2018年4月。

进入2018年后,全球贸易继续保持较强增长态势。世界贸易组织预计,2018年全球贸易量增长4.4%,低于2017年的实际增速。其中,发展中经济体出口和进口增长将分别达5.4%和4.8%,高于同期发达经济体3.8%。展望未来,全球贸易发展前景将取决于全球经济增长状况以及主要经济体货币政策、财政政策和贸易政策。美国单边主义和保护主义可能导致全球贸易摩擦升级,进而波及商业信心和投资决策,紧缩货币政策引发的汇市和股市动荡也可能干扰贸易活动。

最后,在国际投资方面,据联合国贸易和发展会议(简称"贸发会议")最新数据,2017年全球跨国直接投资(FDI)流量下降16%至1.52万亿美元,低于2016年的1.81万亿美元,与全球经济和贸易显著增长形成鲜明对比。流入发达经济体的跨国直接投资下降27%,流入发展中经济体的跨国直接投资增长2%;全球股权投资大幅下降近40%,跨境并购下降23%,绿地投资下降32%。2018年,全球跨国直接投资仍然面临一系列不确定因素,如地缘政治风险和投资保护主义抬头,但投资规模有望恢复至1.8万亿美元左右。

表 A1.2 2016—2019 年世界贸易增长趋势 单位:%

年份	2016	2017	2018	2019
世界货物贸易量	1.8	4.7	4.4	4.0
出口:发达国家	1.1	3.5	3.8	3.1
发展中国家和新兴经济体	2.3	5.7	5.4	5.1
进口:发达国家	2.0	3.1	4.1	3.3
发展中国家和新兴经济体	1.9	7.2	4.8	4.4

注:2018 年和 2019 年为预测值。
资料来源:世界贸易组织:《贸易快讯》,2018 年 4 月。

专栏 1.1 世界经济发展中需要关注的问题

当前,世界经济复苏的基本面总体良好。但单边主义和保护主义措施威胁增大,全球贸易摩擦升级,可能阻碍经济进一步增长。此外,地缘政治风险加剧,主要经济体宏观经济政策调整,也将对世界经济复苏产生影响。

(1) 贸易摩擦升级的威胁明显上升

美国无视世界贸易组织规则,施行单边主义和保护主义政策,导致全球贸易摩擦升级,影响国际贸易持续稳步增长,打乱当前世界经济复苏步伐。经济合作与发展组织(简称"经合组织",OECD)预计,如果美国率先提高关税引致他国反制,最终将导致全球贸易成本上涨 10%,全球贸易量减少 6%,全球经济下滑 1.4%。国际货币基金组织警告,贸易冲突可能令全球增长脱轨。国际货币基金组织总裁克里斯蒂娜·拉加德指出,加征进口关税损人害己。不少研究机构认为,单方面提高关税,最终受害的是美国消费者。牛津研究院估计,中国的低价商品令美国消费物价水平降低 1%至 1.5%。在全球供应链、价值链不断发展的形势下,各国产业紧密相联,贸易摩擦不仅对双方有影响,也会损害其他国家的利益。更重要的是,加征关税本身的直接影响较容易量化,但贸易摩擦升级损害国际合作信心,对各国经济产生多重冲击,影响难以估量。贸易摩擦升级引发的忧虑情绪导致全球股市出现大量抛盘,外汇市场动荡加剧。从政治层面看,片面加征关税是以牺牲多数人的利益为代价,维护少数利益集团,持续下去必将引起反弹。

(2) 金融环境脆弱可能引发市场动荡

随着增长态势趋稳,发达经济体货币政策转向,给金融市场运行带来新的风险。美联储连续加息，加拿大、英国、韩国等央行相继加息。目前市场普遍预计，美国年内将加息 3 次，联邦基金利率区间将上调至 2%—2.25%。欧央行也已削减量化宽松规模。主要国家央行集体转向，全球金融市场流动性面临拐点，将给跨境资本流动和外汇市场带来新的冲击。

历史经验显示，美联储加息通常使新兴经济体受到冲击，资金回流美国等发达国家，增加全球资本市场的波动性。尤其值得关注的是，美国加息、缩表等政策措施虽都在预期之中，但若实施节奏、力度稍有偏差，极易引发市场剧烈波动。另外，国际金融协会(IIF)报告显示，2017 年底，全球债务攀升至创纪录的 237 万亿美元，较 10 年前增加了 70 万亿美元。其中，发达国家政府债务余额高达 50 万亿美元，10 年间增长约 70%。在全球利率走高的背景下，一些经济体面临的偿债压力更加突出。

(3) 美国税改的溢出效应影响广泛

2017 年 12 月，美国参众两院先后通过《减税和就业法案》，经特朗普总统签署后，于 2018 年 1 月正式生效。美国税改法案将给美国经济带来一系列重大变化，同时也会产生强烈溢出效应，影响其他主要经济体。美国大规模减税有利于促进其实体经济增长，这主要是通过消费和投资两个渠道来实现。一方面，企业所得税和个人所得税税率下降、税基扩大，可以扩大消费基数，提振美国私人消费；另一方面，企业成本降低、利润上升，将引导海外资金回流，刺激企业追加投资，从而带动就业增加，促进经济增长。

美国多家智库及研究机构均认为减税将给美国经济带来温和刺激。美国国会参众两院税务联合委员会初步预测，未来 10 年该法案将推动美国经济增速提高 0.8 个百分点；彼得森国际经济研究所预测，税改法案将使美国经济多增长 0.8 个百分点；美国税收政策中心预测税改法案将使美国经济多增长 0.7 个百分点。但各方也承认，减税将导致政府负债飙升。2017 年，美国政府债务总额已超 20 万亿美元。税改法案将进一步恶化政府债务状况，据美国会预算办公室测算，美政府债务在未来十年将升至 25.5 万亿美元，占国内生产总值比重近 100%。美国税改法案正式通过之后，在世界范围内产生溢出效应，英国、法国、日本等也推出了减税措施，而一些国家受财政状况制约无力跟随减税，可能面临本国竞争力下降、资金流出局面。

资料来源：国家商务部：《2018 年春季贸易发展报告》，2018 年 5 月

1.2　全球贸易政策环境演变的不确定性显著增长

2017 年,美国总统特朗普上台执政,美国单边贸易保护主义有所抬头,全球经济仍处于深度调整和再平衡阶段,全球经济复苏尚未完成,继续呈现不均衡态势。经济结构改革举步维艰,仍面临下行压力。[①]受制于全球经济增长压力及地缘政治风险尚未消除,大宗商品价格和美元汇率大幅震荡等不稳定因素影响,贸易环境较之金融危机后虽有改观,但全球贸易保护主义态势依然严峻。在此期间,世贸组织试图通过抑制贸易保护主义、改善市场准入、避免由政策导致的不公平贸易和竞争等手段,改善贸易环境、扩大贸易机会,从 2017 年 WTO 公布的数据来看,贸易救济措施数量有所上升,情况不容乐观,全球主要经济体贸易限制措施影响的贸易量超越贸易便利化措施影响的贸易量。

1.2.1　全球主要经济体贸易便利化措施维持稳定,贸易限制措施数量有所下降,贸易形势部分改善

2017 年 2 月,WTO《贸易便利化协定》正式生效。其是 WTO 自 1995 年成立以来,在多边层面第一个得以缔结生效的贸易协定。但是,新生效的《贸易便利化协定》并无在 G20 贸易便利化措施的数量上带来亮眼的数量增量。据最新的 WTO-OECD-UNCTAD《关于 G20 国家贸易与投资措施报告》统计数据显示,在 2017 年 5 月至 2017 年 10 月期间,G20 国家共实施 28 项新的贸易便利化措施。如表 A1.3 所示,本次统计期间,G20 国家月平均实施的贸易便利化措施数量为 5.6 项,与 2013 年全年水平相同,略低于 2016 年的月平均水平,也是自 2013 年以来录得的最低纪录。

继续如表 A1.3 所示,进口措施当中,进口关税的降低及取消措施继续占据措施的绝大多数。同时,部分 G20 经济体实施了简化进口海关程序等便利化措施。出口措施方面,数据表明 G20 国家普遍采取减小或取消出口关税以及出口配额限制的措施。而过往统计中,尚无录得 G20 成员采取国相关的出口关税便利化措施。

本次统计期间,新实施的进口便利化措施的贸易覆盖面为 272 亿美元,占 G20 商品进口总值的 0.22%或世界商品进口总值的 0.17%。措施所设计的大部

① IMF:《世界经济展望》,2017 年 4 月。

分产品为机械和机械设备，占比43.5%；电机及其零部件，占比24.9%；精密仪器，占比11.4%；谷物，占比3.7%。

表A1.3 G20成员新实施的贸易便利化措施 单位：起

措施类型	2012	2013	2014	2015	2016	2016年10月至2017年5月中旬	2017年5月中旬至2017年10月中旬
进口措施	83	62	69	69	60	34	23
—关税	72	50	58	56	51	29	20
—海关程序	8	11	7	9	7	5	2
—税收	1	1	0	3	2	0	1
—配额限制	2	0	4	1	0	0	0
出口措施	7	4	5	21	10	8	5
—关税	3	2	2	10	4	2	0
—配额限制	3	2	1	3	0	0	1
—其他	1	0	2	8	6	6	4
其他措施	4	1	1	2	2	0	0
—其他	4	1	1	2	2	0	0
—本地含量	0	0	0	0	0	0	0
合计	94	67	75	92	72	42	28
月平均	7.8	5.6	6.3	7.7	6.0	6.0	5.6

资料来源：WTO，OECD，UNCTAD，Report on G20 Trade and Investment Measures (Mid-May 2017 to Mid-October 2017)，Nov.9，2017.

而就贸易限制措施而言，据最新的WTO-OECD-UNCTAD《关于G20国家贸易与投资措施报告》统计数据显示（见表A1.4），在2017年5月中旬至2017年10月中旬期间，G20成员共采取了16项新的贸易限制措施，平均每月采取3起。月均贸易限制措施数量较之前统计区间月均数量大幅下降。其中，增加关税占进口限制措施总数的90%；而在出口及其他限制措施方面，相关措施则主要为本地含量以及数量限制等。

另外，在2017年5月至2017年10月期间，G20国家采取的新的进口限制措施所影响的贸易额达到322亿美元，影响了0.20%的世界总进口，占整个G20成员进口份额的0.26%。

表 A1.4　G20 成员新实施其他贸易及与贸易有关措施　　单位:起

措施类型	2012	2013	2014	2015	2016	2016 年 10 月至 2017 年 5 月中旬	2017 年 5 月中旬至 2017 年 10 月中旬
进口措施	59	59	45	60	44	29	10
—关税	25	34	29	35	26	15	9
—海关程序	25	15	12	18	14	12	1
—税收	3	3	2	4	2	0	0
—配额限制	4	7	2	3	2	2	0
—其他	2	0	0	0	0	0	0
出口措施	10	20	14	23	7	6	3
—关税	1	1	4	5	2	1	1
—配额限制	5	4	5	4	1	3	1
—其他	4	15	5	14	4	2	1
其他措施	9	4	9	9	10	7	3
—其他	5	0	0	0	3	1	0
—本地含量	4	4	9	9	7	6	3
合计	78	83	68	92	61	42	16
月平均	6.5	6.9	5.7	7.7	5.1	6.0	3.2

资料来源:WTO, OECD, UNCTAD, Report on G20 Trade and Investment Measures (Mid-May 2017 to Mid-October 2017), Nov.9, 2017.

表 A1.5　G20 成员贸易限制措施所占的贸易份额　　单位:%

期　间	2013 年 11 月至 2014 年 5 月	2014 年 5 月至 2014 年 10 月	2014 年 10 月至 2015 年 5 月	2015 年 5 月至 2015 年 10 月	2015 年 10 月至 2016 年 5 月	2016 年 5 月至 2016 年 10 月	2016 年 10 月至 2017 年 5 月	2017 年 5 月至 2017 年 10 月
占世界总进口的比例	0.18	0.54	0.72	0.21	0.40	0.08	0.29	0.2
占 G20 成员总进口的比例	0.23	0.69	0.93	0.27	0.51	0.11	0.37	0.26

资料来源:WTO, OECD, UNCTAD, Report on G20 Trade and Investment Measures (Mid-May 2017 to Mid-October 2017), Nov.9, 2017.

最后，就贸易限制措施影响的产品而言，最受进口限制措施影响的产业包括：动植物油脂（HS15），占比 27%；机械和机械用具（HS84）占比 22.1%；车辆（HS87）占比 9.8%以及电机及其零部件（HS85）占比 8%。

1.2.2 主要经济体贸易救济措施数量依然维持在高位

2017 年，全球经济增长放缓，经济深度调整程度加快，全球经济深度调整下的贸易保护主义有所抬头。WTO 统计结果显示，2017 年上下半年，G20 中各国政府月度实施的新的贸易救济措施数量分别为 20.9 起以及 19.4 起，较 2012 年及 2015 年水平为高，但较 2016 年全年平均水平稍有回落，数量依然维持在较高水平。

表 A1.6 G20 成员采取的贸易救济措施　　单位：起

措施类型	2012	2013	2014	2015	2016	2016 年 10 月至 2017 年 5 月中旬	2017 年 5 月中旬至 2017 年 10 月中旬
反倾销	166	238	208	175	226	124	77
反补贴	22	33	37	31	30	20	16
保障措施	13	7	13	4	6	2	4
合计	201	278	258	210	262	146	97
平均每月	16.8	23.2	21.5	17.5	21.8	20.9	19.4

资料来源：WTO，OECD，UNCTAD，Report on G20 Trade and Investment Measures (Mid-May 2017 to Mid-October 2017)，Nov.9，2017.

表 A1.7 G20 成员暂停的贸易救济措施　　单位：起

措施类型	2012	2013	2014	2015	2016	2016 年 10 月至 2017 年 5 月中旬	2017 年 5 月中旬至 2017 年 10 月中旬
反倾销	130	135	144	122	115	54	28
反补贴	21	15	21	19	15	7	3
保障措施	10	3	6	10	7	1	1
合计	161	153	171	151	137	62	32
平均每月	13.4	12.8	14.3	12.6	11.4	8.9	6.4

资料来源：WTO，OECD，UNCTAD，Report on G20 Trade and Investment Measures (Mid-May 2017 to Mid-October 2017)，Nov.9，2017.

而就G20中各国政府月度暂停的贸易救济措施而言，2017年上下半年的数量分别为8.9和6.4起，较之前年份的月暂停数量大幅下滑，一定程度上反映贸易保护主义抬头的趋势。

另外，就贸易救济措施在世界范围内的占比而言，在2017年5月至2017年10月期间，G20国家新提起的贸易救济调查措施所影响的贸易额达到294亿美元，影响了0.19%的世界总进口，占整个G20成员进口份额的0.24%。表A1.8列出了自2013年11月以来8个统计周期G20国家进口限制措施影响范围的变化，从数据变化分析可知，2015年10月至2016年5月期间，贸易限制措施的影响达到最大值，而在2016年后半年则有所回落，回落至2014年上半年的水平，2016年10月至2017年10月，贸易措施影响比重又有所增加，仅比2016年上半年统计期间为小，依然在高位徘徊。

表A1.8　G20成员贸易救济措施所占的贸易份额　　单位：%

期　　间	2013年11月至2014年5月	2014年5月至2014年10月	2014年10月至2015年5月	2015年5月至2015年10月	2015年10月至2016年5月	2016年5月至2016年10月	2016年10月至2017年5月	2017年5月至2017年10月
占世界总进口的比例	0.06	0.10	0.08	0.08	0.36	0.08	0.15	0.19
占G20成员总进口的比例	0.08	0.13	0.11	0.10	0.47	0.11	0.20	0.24

资料来源：WTO，OECD，UNCTAD，Report on G20 Trade and Investment Measures (Mid-May 2017 to Mid-October 2017)，Nov.9，2017.

具体而言，根据WTO最新统计数据显示，2017年上半年，反倾销调查数量显著上升，达123项。另外，反补贴调查数量轻微回落，而保障措施调查数量则维持平稳。

就反倾销调查措施而言，2017年上半年，反倾销调查数量达123项，达到统计期间的历史高位，分别较2015年下半年的95项，2016年上半年的108项目，2016年下半年的118项有显著上升。这主要源于印度、美国、澳大利亚及中国四个国家反倾销调查数量均呈上升趋势。其中，美国反倾销调查数量增长幅度巨大，较2016年下半年度大幅攀升21项，达到34项的历史高位。中国则较2016年下半年度的3项上升至9项。值得注意的是，2017年上半年，除上述反倾销调查攀升国家外，其他G20成员反倾销调查数量均呈减少或持平趋势。

表 A1.9　G20 成员提起反倾销调查的数量　　单位：起

G20 成员	2015 年 7 月至 2015 年 12 月	2016 年 1 月至 2016 年 6 月	2016 年 7 月至 2016 年 12 月	2017 年 1 月至 2017 年 6 月
阿根廷	2	6	17	4
澳大利亚	7	11	6	12
巴　西	11	4	7	5
加拿大	1	3	11	8
中　国	8	2	3	9
欧　盟	7	5	9	3
印　度	18	48	21	34
印度尼西亚	2	0	7	0
日　本	0	0	1	2
韩　国	3		4	3
墨西哥	4	1	5	1
俄罗斯	0	0	1	1
沙特阿拉伯王国	1	0	0	1
土耳其	4	4	13	6
美　国	27	24	13	34
合　计	95	108	118	123

资料来源：WTO，OECD，UNCTAD，Report on G20 Trade and Investment Measures (Mid-May 2017 to Mid-October 2017)，Nov.9，2017.

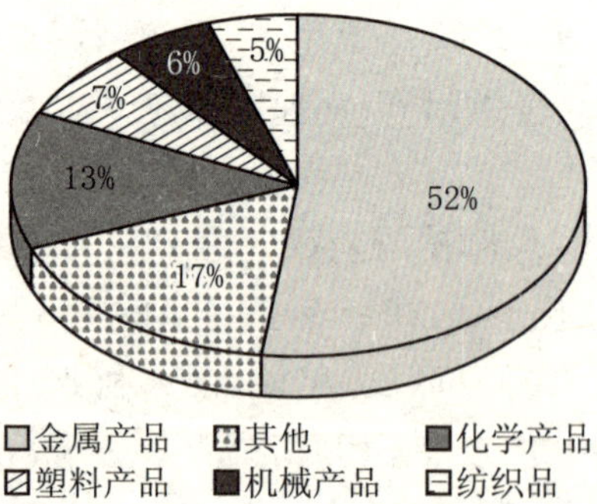

2015 年 7 月至 12 月

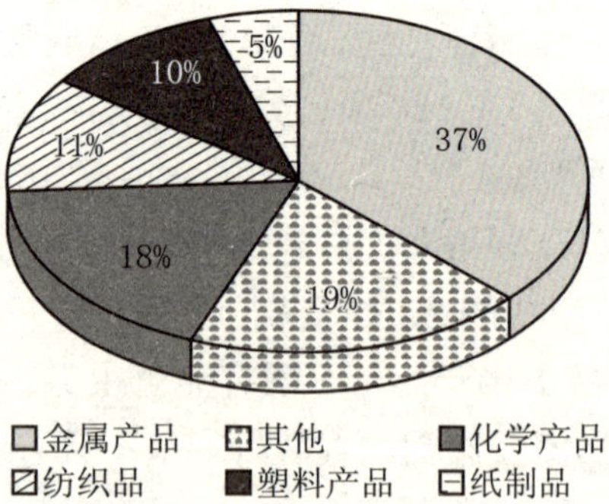

2016 年 1 月至 6 月

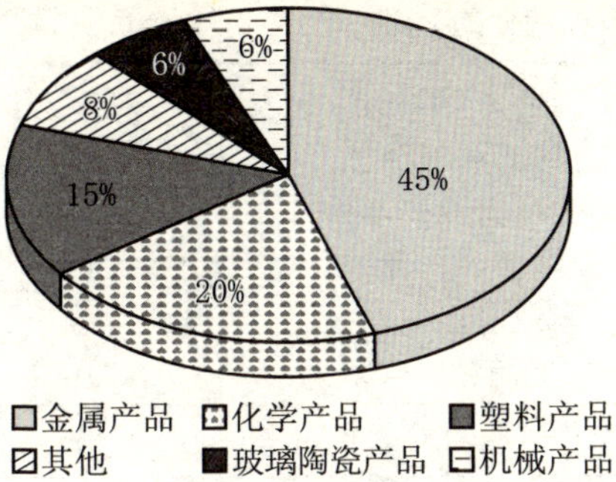

2016 年 7 月至 12 月

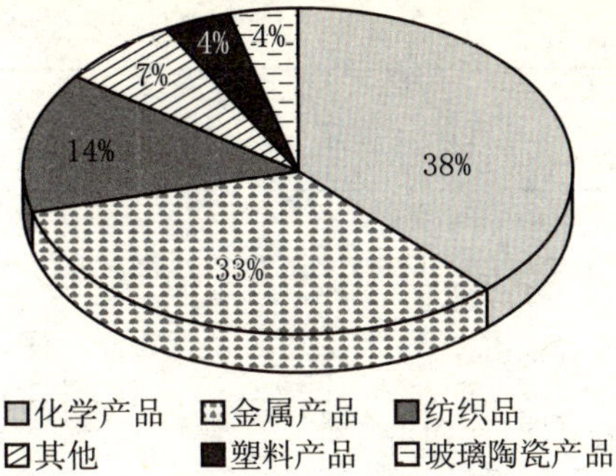

2017 年 1 月至 6 月

资料来源:WTO, OECD, UNCTAD, Report on G20 Trade and Investment Measures (Mid-May 2016 to Mid-October 2016), Nov.9, 2017.

图 A1.1 G20 成员反倾销调查涉及的产品范围

就反倾销所涉及的产品而言,如图 A1.1 所示,在 2015 年 7 月至 2017 年 6 月这四个半年区间中,金属产品在前三个半年统计区间中位列所提起反倾销措施的首位,在每个统计区间中都占比约百分之 30 至 50,但在 2017 年上半年,金属产品占比较之前统计区间有所回落。而化学产品占比则一直呈现上升态势,并最终在 2017 年上半年取代金融产品,位列反倾销措施涉及产品首位。

另就反补贴调查数量而言,2017 年上半年反补贴调查数量较 2015 年下半年、2016 年上下半年在数量上有所增加,达到 21 起的近期历史高位。主要是美国与加拿大在 2017 年上半年所提起反补贴调查数量增加所致。

表 A1.10 提起反补贴调查的数量 单位:起

G20 成员	2015 年 7 月至 2015 年 12 月	2016 年 1 月至 2016 年 6 月	2016 年 7 月至 2016 年 12 月	2017 年 1 月至 2017 年 6 月
澳大利亚	2	3	5	0
巴　西	0	0	1	0
加拿大	1	1	1	5
中　国	0	1	0	1
欧　盟	1	1	0	0
印　度	0	1	0	0
美　国	12	12	4	15
合　计	16	19	11	21

资料来源:WTO, OECD, UNCTAD, Report on G20 Trade and Investment Measures (Mid-May 2017 to Mid-October 2017), Nov.9, 2017.

表 A1.11 提起保障措施调查的数量 单位：起

G20 成员	2015 年 7 月至 2015 年 12 月	2016 年 1 月至 2016 年 6 月	2016 年 7 月至 2016 年 12 月	2017 年 1 月至 2017 年 6 月
中 国	0	0	1	0
印 度	2	1	0	0
印度尼西亚	1	0	0	0
沙特阿拉伯王国	0	1	1	0
南 非	0	1	1	0
土耳其	0	0	0	2
美 国	0	0	0	2
合 计	3	3	3	4

资料来源：WTO，OECD，UNCTAD，Report on G20 Trade and Investment Measures (Mid-May 2017 to Mid-October 2017)，Nov.9，2017.

最后是保障措施调查数量。据表 A1.11 显示，G20 成员提起保障措施调查数量依然维持在较低水平，自 2015 年至 2016 年整体平稳，措施总量均维持在 3 起。2017 年上半年，保障措施数量较之前期间轻微上升 1 起，达到 4 起。值得关注的是南非和沙特阿拉伯，援引《保障措施协定》条款，提起保障措施调查以实现国内贸易政策是常用的伎俩。

此外，值得注意的是，反补贴与保障措施调查提起数量依然远比反倾销调查提起数量少，证明反倾销调查仍然为各国所经常涉及的贸易救济手段。

1.2.3 其他贸易限制手段措施数量略微减少

在卫生和植物卫生措施方面，从 2000 年 1 月 1 日至 2017 年 9 月 30 日，G20 成员均是卫生与植物卫生措施通报的大户，分别占日常通报及紧急通报总量的 68%及 33%。在 2017 年 5 月至 2017 年 9 月期间，在众多 G20 成员中，巴西、加拿大以及美国向 WTO 作出通报的数量最多，占整个 G20 成员通报数量的 46%。在本统计期间，食品安全是 G20 成员通报的内容中最为重要的主题，占通报总数的 72%，这显示 G20 成员对食品安全议题的关注。另外值得注意的是，在 G20 成员通报的 243 项通报措施中，与食品法典委员会（CAC）、国际动物卫生组织（OIE）、国际植物保护公约（IPPC）三大国际标准制定机构所制定的国际标准相关，分别占比 63%、13%、24%。最后值得中国注意及学习的是，即便 G20 成员相当多的卫生与植物卫生措施均是基于国际标准制定的，但其仍然向世界贸易组织卫生与植物卫生措施委员会（简称“WTO/SPS 委员会”）作出通报，模范性地践行了透明度要求。①

在技术性贸易措施方面，从 1995 年 1 月 1 日至 2015 年 5 月 15 日，向世界贸易组织技术性贸易措施委员会（简称“WTO/TBT 委员会”）作出通报的主要集中于 G20 成员，约占所有通报措施数量的 50%。2017 年，G20 成员仍模范性践行透明度要求，向 WTO/TBT 委员会就新规进行通报，数量占总实施措施的 30%。但在 2017 年，一个总体趋势则是 G20 成员的技术性贸易措施通报呈现轻微下降趋势，比上个评议周期轻微下跌 2%。在本次评议期间，欧盟通报了 35 项技术性贸易措施，位居榜首，之后分别为沙特阿拉伯（38 项），欧盟（34 项），韩国（28 项）以及俄罗斯（26 项），较上一年度的数量为低。除俄罗斯、巴西以及墨西哥通报措施较以往大幅上升外，包括美国、欧盟等其他 G20 成员的通报措施数量均呈现下降趋势。另外，G20 成员在本评议周期共向技术性贸易措施委员会提出 6 项新的特别贸易关注，其中中国 3 项，欧盟 2 项，俄罗斯 1 项，数量较上一年度有显著增加。②

专栏 1.2　从美国“232 调查”历史看国际贸易中“国家安全”政策的特点及其潜在危害型

2018 年 2 月 16 日，美国商务部公布了对美国进口钢铁和铝产品的国家安全调查（“232 调查”）报告，认为进口钢铁和铝产品严重损害了美国的国内产业，威胁到美国国家安全。美国商务部据此向特朗普总统提出建议，对进口钢铁和铝产品实施关税、配额等进口限制措施。

历史上，美国借助“国家安全”发起贸易调查的情况并不多见。下文拟对美国“232 调查”的历史实践、独有特征、国际合法性检验以及受调查成员的应对路径开展讨论，目的是更透彻地审视美国“国家安全”贸易调查，为后续处理中美经贸关系积累经验。

(1)“232 条款”在历史上具有浓重的政治色彩

本次“美国 232 贸易调查”依据的是美国 1962 年的《贸易扩张法》中的第 232 条“保障国家安全”条款。该法产生于冷战时期，其中第四章为“国家安全”，具体涵盖第 231 条（共产主义国家和区域的产品）以及第 232 条（保障国家安

①② WTO, OECD, UNCTAD, Report on G20 Trade and Investment Measures(Mid-May 2017 to Mid-October 2017), Nov.9, 2017.

全)。从条文的设置就可以看出该法具有浓重的政治色彩和冷战思维。其中,第232条经过多次修改,目前适用的是2012年1月修改后的生效条款。其主要是就特定产品之进口是否影响美国国家安全进行调查与认定。

根据美国商务部工业安全局及国会研究报告相关信息,自1962年《贸易扩展法》实施至特朗普政府执政前,美国政府共发起26项"232调查"。在发起的26起案件中,62%的案件商务部作出了"进口产品不会危害美国国安安全"的建议。剩下10个美国商务部作出"进口产品危害美国国安安全"建议的案件中,总统根据建议共采取了6次行动。

而在总统建议采取行动的案件中,有5次都与石油产品或原油有关,并且其中有2项是基于美国商务部对进口产品影响美国国家安全而建议总统采取行动,具有现实参考意义。此外,还有一次是对进口机床发起国家安全调查。以下分别就这三项美国总统给予商务部肯定性结论而采取措施的案件进行简述。

① 关于进口石油影响国家安全的"232调查"案例表明美国对国家安全的认定标准受非经济因素影响较大。

美国对石油进口影响国家安全而发起的"232调查"发生在伊朗伊斯兰革命及20世纪70年代中东石油危机爆发前后。矛盾顶峰发生在1979年,伊朗国内发生伊斯兰革命,伊朗停止向美国石油输出。在此背景下,美国就石油进口对国家安全的影响发起"232调查",并完成最终报告。该报告认为,自1975年以来,美国对原油的海外依赖度已经上升至45%的历史高位,其中对欧佩克成员国的石油依赖度超过30%。即便自1973年以来美国已经加强与中东国家的关系,但特定国家宣称的利用石油作为政治工具的情况依然存在。美国不能与上述政见不同国家形成石油依赖关系。

该报告还特别提及伊朗发生国内革命造成的国内动荡对美国国家安全的负面影响,并认定对于进口原油的过度依赖将会损害美国实现其外交目标及履行其国际义务的能力。最终,美国总统采纳了财政部在报告中的建议,终止了所有从伊朗的石油进口。尽管当时伊朗向美国的石油输出量仅占美国石油消费量的5%。

与此类似,在1982年基于美国总统要求提起的"石油进口对美国国家安全的232调查"中,美国总统也认定利比亚向美国的石油出口对美国国家安全构成威胁的结论,决定不再视利比亚为美国能源需求的可靠供应者,并对利比亚实施石油禁运。

② 关于进口机床影响国家安全的"232调查"案例表明美国具体采取的应对措施也受非经济因素影响较大。

1983 年 3 月 14 日,全美机床制造商协会向美国商务部提出申请,要求商务部根据 232 条款对进口机床发起国家安全调查。最终,美国商务部发布《进口机床对美国国家安全影响报告》,对进口机床部分产品对国家安全造成影响给予了肯定性的决定。

1986 年 5 月 21 日,总统做出决定,提出将基于争议性质之不同采取不同的震慑手段,因此向外国(地区)主要供应商,包括日本、联邦德国、中国台湾、瑞士寻求自愿限制协议,限制水平基于上述不同供应商相关产品对美国的出口额而不同。

(2) 美国通过"232 调查"正试图进一步模糊产业损害问题与国家安全问题之间的边界

2018 年 4 月 5 日,中国驻 WTO 代表团根据相关规则就美国对进口(选择性免除了部分成员)钢铁和铝产品的,包括但不限于额外从价税的措施与美国政府进行磋商。中方认为,钢铁和铝对美国产业造成损害,美国对其采取措施减少由于中国产能过剩而造成的损害应当属于《保障措施协定》项下所采取的做法,故不能以经济安全扩大化为由动用国家安全概念把争议措施性质异质化。

我们认为,目前中方提出这一观点,主要是基于保障措施和国家安全两类政策工具的法律性质、适用门槛强度及美国行政机关自由裁量权上存有重大区别。以美国"201 调查"及"232 调查"为例,虽然同为根据美国国内法而提起的单边措施,但"232 调查"与"201 调查"从措施的法律属性而言存有重大差别。相比而言,"232 调查"下行政机关的自由裁量度更大,调查启动之标准也更为模糊,且没有相应的案例或多边规则予以支持或明确。此外,两者诉诸 WTO 多边贸易体制的可能结果也不同。其中"232 调查"作为单边措施,其在 WTO 多边贸易体制下的合理性最可能是基于《关税及贸易总协定》(General Agreement on Tariffs and Trade, GATT)第 21 条(安全例外)。而在实践中,GATT 第 21 条并不像 GATT 第 20 条(一般例外)那样有众多先例可资借鉴,这使其适用的空间更加灵活。

针对中国要求,美国认为,争议的措施并不构成保障措施,因此中国依据《保障措施协定》就上述美国所采取措施进行的磋商是没有依据的。

由此,我们也可以看到,在此次中美贸易争端中,美国的相关工作始终遵循着全盘布局,强化"国家安全"概念,重视发挥"安全例外"政策灵活性之原则思路。首先是在 2018 年的《美国国家安全战略报告》中首次明确"经济安全就是国家安全",其次又在《232 调查报告》中对美国商务部 2001 年报告中关于"国防安全”的相关定性做出重申，最后全面将“经济安全”问题囊括入“国家安全”，把基于经济损害问题而提起的调查涵盖入为国家安全而提起的调查。最终目的是模糊产业损害问题与国家安全问题之间的既有边界，逃避多边贸易规则的监管，以利于自身单边政策之实施。

(3) 全面认识美国“232 调查”危害性，多方面考虑对中美经贸关系之影响

① 历史上的“232 调查”具有鲜明的“政治挂帅”特点。

在对进口石油发起的两次“232 调查”中，当时美国的调查报告直接明确“美国不能与上述政见不同国家形成石油依赖关系”。为此，尽管当时伊朗对美国的石油出口只占美国国内消费的 5%，但美国依然通过“232 调查”对伊朗石油禁运。相对而言，在对美国国内产业影响更大的进口机床领域，美国则对日本、联邦德国、中国台湾、瑞士等提出了具有谈判性质的自愿限制协议。

由此看来，历史上“232 调查”具有鲜明的“政治挂帅”特点。实践中，美国对“盟友”一般会慎用“国家安全”之名的制裁措施，值得注意。此次“232 调查”中，美国对加拿大等给予关税豁免而未给予中国和俄罗斯等豁免，也可被视为是对历史惯例之延续。

② 多边贸易体制“安全例外”规则解释模糊，“232 调查”或成美国逃避多边规则约束，滥用单边贸易保护措施的主要渠道。

在目前美国采取的“201”、“301”和“232”措施中，“201”一般认为应受到 GATT 第 20 条款(一般例外)之约束，该条款在 WTO 协议下规则较严且历史上也有先例可资借鉴。此外，在美国国内法下，“201 调查”的法律性质、适用的门槛强度及美国行政机关的自由裁量权也相对较严。其次，“301 调查”作为美国曾频繁使用的单边贸易措施，欧共体在早期也就该措施在 WTO 中起诉美国。美国为实施 WTO 义务，曾作出过“行政行动声明”，并承诺受其约束。这表明美国 301 条款也至少部分受多边贸易规则之约束。

比较而言，多边贸易体制“安全例外”解释模糊且缺乏先例，美国国内法律对“232 调查”的约束也不及“201”。在此背景下，美国行政部门通过模糊产业损害问题与国家安全问题之间的边界，就可以有效逃避多边贸易规则和美国国内法规的监管，更加灵活地实施单边贸易保护政策。

③ “232 调查”也将成为美国对华构建贸易投资“国家安全”保护政策体系的重要一环。

近年来，随着中美经贸关系问题升温，美国也开始更多以“国家安全”为由监管和限制对华贸易投资活动。首先是在中国对美投资领域，美国不断严格外商投资安全审查制度，目前还准备通过《国际紧急状态经济权力法》对中国投资实施限制措施。其次,在美国对华出口和对华投资领域,美国也正更多采用基于国家安全的出口管制制度予以监管,如近期的"中兴事件"等。目前,随着"232调查"开始对华征收关税,也意味着针对中国对美出口的"国家安全"举措也开始运作。

我们认为,上述措施尽管实施领域不同、法律渊源也有差异,但考虑到这些政策均以维护"国家安全"为依据,客观上也已经组成了美国针对中国贸易投资、基于"国家安全"的保护政策体系。至于上述政策手段未来是否会出现"系统融合"化趋势,也需密切关注。

资料来源:上海 WTO 事务咨询中心:
《中美经贸关系监控预警系统》,2018 年 5 月

1.3 中国遭受全球贸易保护和贸易摩擦影响之现状长期严峻

据国家商务部统计数据,作为全球货物贸易第一大国,截至 2017 年底,中国已连续 23 年成为全球遭遇反倾销调查最多的国家,并连续 12 年成为全球遭遇反补贴调查最多的国家。2017 年,针对中国产品的反倾销、反补贴等贸易救济调查密集增多,平均每月超过 10 起,差不多三天一起。①

当前中国经济发展面临的形势复杂,外部环境趋紧和国内市场竞争加剧等因素相互叠加,中国产品遭遇贸易救济调查案件的数量持续保持高位。

1.3.1 中国产品遭遇贸易救济调查持续保持高位

2017 年,共有 21 个国家(地区)对华启动 76 起贸易救济调查,比 2016 年减少 45 起,降幅 37.2%。其中,反倾销 54 起,比 2016 年减少 38 起;反补贴 13 起,比 2016 年减少 6 起;保障措施 9 起,比 2016 年减少 1 起。从发起国(地区)来看,美国(22 起)、印度(16 起)、欧盟(5 起)居前三位。此外,哥伦比亚和土耳其并列第四,均为 4 起;阿根廷和澳大利亚并居第五,均为 3 起。②

在上述调查中,以国家发展程度作出区分,发达国家与发展中国家对华贸易救济调查存在分野,但是总体情况为对华贸易调查发起数量出现多年来首次下

---

① 中华人民共和国商务部网站,www.mofcom.gov.cn。

② 机械工业信息研究院:《贸易风险预警》,2018 年第 1/2 期;详见中国贸易救济信息网,http://www.cacs.gov.cn。

降。一方面,发达国家对华贸易救济调查总数有所减少,但降幅远不及发展中国家。2017 年,共有 6 个发达国家(地区)对华启动 35 起贸易救济调查,比 2016 年减少 2 起,降幅为 5.4%。其中,美国对华贸易救济调查总数比 2016 年增加 2 起,新增的 2 起均为保障措施调查。另一方面,14 个发展中国家(地区)对华启动贸易救济调查,共计 40 起,比上年减少 44 起,降幅高达 52.4%。其中,印度对华贸易救济调查数比 2016 年减少 5 起,阿根廷和巴基斯坦均减少 8 起,巴西减少 6 起,泰国减少 3 起。

就反倾销调查而言,印度和美国是对华反倾销调查的主要发起者。2017 年,共有 19 个国家(地区)对华启动 54 起反倾销调查。其中,印度 15 起,居各国之首,占比 27.8%,比 2016 年减少 4 起;其次是美国,11 起,占比 20.4%,与 2016 年持平;位居第三的是哥伦比亚,4 起,占比 7.4%,比 2016 年增加 4 起。

就反补贴调查而言,近七成对华反补贴调查由美国发起。2017 年,国外对华 13 起反补贴调查的发起国(地区)分别是:美国(9 起)、欧盟(2 起)、加拿大(1 起)和新西兰(1 起)。其中,美国发起的反补贴调查占国外对华反补贴调查的 69.2%,同比持平。

表 A1.12 2017 年中国遭受主要贸易伙伴贸易救济立案调查数量

贸易体	数量(起)	2017 年重点情况说明
美 国	22	提起了 9 起反补贴调查,涉及铝箔;工具箱和工具柜;可用于机加工的冷拔管;细旦涤纶短纤;铸铁排水管件;不锈钢法兰;锻钢件;普通铝合金板;葡萄糖酸钠,葡萄糖酸及衍生产品 提起了 11 起反倾销调查,涉及铝箔;封箱钉;工具箱和工具柜;可用于机加工的冷拔管;细旦涤纶短纤;铸铁排水管件;不锈钢法兰;聚四氟乙烯(PTFE)树脂;锻钢件;普通铝合金板;葡萄糖酸钠,葡萄糖酸及衍生产品 提起了 2 起保障措施调查,涉及晶体硅光伏电池;家用大型洗衣机
欧 盟	5	提起 3 起反补贴调查,涉及低碳铬铁;卡客车轮胎;电动自行车 提起 2 起反倾销调查,涉及公交车或卡车的新轮胎和翻新轮胎;电动自行车
印 度	16	提起 15 起反倾销调查,涉及 0.6—6 丹尼尔的非染色聚酯短纤;甲基乙基酮;异丙胺;饰面工程木地板;二甲基乙酰胺;五氧化二磷;玻璃器皿;扑克牌;渔网;腈纶纤维;陶瓷辊;聚酯高强力纱;太阳能电池;用橡胶处理的织物;合金钢棒材 提起 1 起反补贴调查,涉及光伏电池及组件
日 本	1	提起 1 起反倾销调查,涉及碳钢对焊管件

(续表)

贸易体	数量(起)	2017年重点情况说明
土耳其	4	提起1起反倾销调查,涉及厨房用打火器; 提起3起保障措施调查,涉及轮胎、牙刷、聚对苯二甲酸
加拿大	2	提起1起反补贴调查,涉及聚对苯二甲酸乙二醇酯(PET树脂) 提起1起反倾销调查,涉及聚对苯二甲酸乙二醇酯(PET树脂)
印度尼西亚	1	提起1起反补贴调查,涉及纺延丝
澳大利亚	3	提起3起反补贴调查,涉及圆合金钢条、铝型材、钢制托盘货架
墨西哥	2	提起2起反倾销调查,涉及金属膜塑料气球、焊接用微丝
韩　国	2	提起2起反倾销调查,涉及涂布印刷纸、镀锌低碳钢丝

资料来源:根据WTO官方网站数据①统计整理。

反倾销和反补贴是针对不公平贸易措施的救济手段,若特定产品在短时间内进口急剧增加,则进口国可以实施保障措施。2017年,共有7个国家(地区)启动11起保障措施调查,全部涉华,共有6个国家(地区)启动9起保障措施调查,分别是土耳其(3起)、美国(2起)、印度(1起)、越南(1起)、海湾合作委员会(1起)和乌克兰(1起)。其中,美国时隔16年后再次启动保障措施调查。值得关注的是,2017年新能源产业首次成为保障措施调查的对象,并接连遭遇美国和印度的保障措施调查,涉案产品均为光伏电池。

最后,就贸易救济措施针对的产业而言,与2016年冶金产品是国外对华贸易救济调查的重点不同,2017年,轻工和化工产品成为国外对华贸易救济调查的重点。如表A1.13所示,涉及化工的案件居首位,16起,占比21.1%,比2016年减少6起,降幅达27.3%;其次是轻工,14起,占比18.4%,比2016年增加5起;冶金位居第三,12起,占比15.8%,减少39起,降幅高达76.5%。

具体而言,轻工产品是国外对华反倾销调查的主要涉案产品。2017年,国外对华启动的54起反倾销调查中,轻工(11起)、冶金(10起)、化工(8起)是涉案数居前三位的行业。其中,涉及冶金的反倾销调查数比2016年减少22起,降幅为66.7%;涉及轻工的反倾销调查数增加3起,增幅为33.3%。

机械和化工产品是国外对华反补贴调查的主要涉案产品。2017年,国外对

① https://www.wto.org/english/tratop_e/safeg_e/safeg_e.htm, last visited on May 8, 2018; https://www.wto.org/english/tratop_e/scm_e/scm_e.htm, last visited on May 8, 2018; https://www.wto.org/english/tratop_e/adp_e/adp_e.htm, last visited on May 8, 2018.

华启动 13 起反补贴调查分别涉及机械（3 起）、化工（3 起）、冶金（2 起）、有色金属（2 起）、金属制品（1 起）、纺织（1 起）和轻工（1 起）7 个行业。其中，涉及冶金的反补贴调查数比 2016 年减少 8 起，降幅为 80%。

另外，化工是国外保障措施调查的主要涉案产品。2017 年，国外启动的 9 起保障措施调查主要涉及化工（5 起）、电子（2 起）和轻工（2 起）3 个行业。而 2016 年，上述 3 个行业的保障措施调查数均为 0。[①]

表 A1.13　2017 年中国遭受贸易救济立案调查的重点产业分布

涉案产业	立案数(起)
化　工	16
轻　工	14
冶　金	12

资料来源：根据中国贸易救济信息网[②]及商务部网站[③]数据统计整理。

表 A1.14　2017 年中国发起的贸易救济立案调查国家（地区）分布情况

国家(地区)	2017 年案件数(起)
美　国	4
日　本	3
韩　国	3
印　度	3
马来西亚	2
泰　国	2
中国台湾地区	2
巴　西	1
沙特阿拉伯	1
新加坡	1
南　非	1

资料来源：根据 WTO 官方网站数据[④]统计整理。

① 机械工业信息研究院：《贸易风险预警》，2018 年第 1/2 期；详见中国贸易救济信息网，http://www.cacs.gov.cn。

② http://www.cacs.gov.cn.

③ http://www.mofcom.gov.cn/.

④ https://www.wto.org/english/tratop_e/safeg_e/safeg_e.htm; https://www.wto.org/english/tratop_e/scm_e/scm_e.htm; https://www.wto.org/english/tratop_e/adp_e/adp_e.htm.

表 A1.15　2016 年中国发起的贸易救济立案调查行业分布情况

产　品	数量(起)
乙醇胺	4
甲基异丁基(甲)酮	3
苯乙烯	3
正丁醇	3

资料来源:根据中国贸易救济信息网①及商务部网站②数据统计整理。

2017 年,我国共对外启动反倾销调查 24 起;反补贴调查 1 起。发起贸易救济立案调查国家广泛涉及美国、日本、韩国、新加坡等发达经济体以及巴西、泰国等发展中经济体。其中,对美国、日本及韩国发起的贸易救济立案调查较 2016 年大幅攀升,分别从 1 起增加至 4 起,以及从 1 起增加至 3 起,详见表 A1.14,涉及产品广泛包括甲基异丁基(甲)酮、乙醇胺、苯乙烯、正丁醇等化工行业产品(详见表 A1.16)。

表 A1.16　2017 年中国主要贸易伙伴贸易政策重大调整情况

经济体	2017 年中国主要贸易伙伴贸易政策重大调整
美　国	1. 1 月 13 日,美国 FDA 发布修订控制即食食品中单增李斯特菌措施的指南文件。 2. 4 月,美国工业及安全局公布一项于 4 月 19 日生效的监管规定,向中国香港出口或经香港转口的特定受管制物品,必须遵行新的支持文件要求。根据这一规则,出口商或转口商向中国香港出口或转口任何受《出口管理条例》管制,以及出于国家安全、导弹科技、核不扩散或生化武器的原因而受《商业管制清单》限制的物品,必须事前申领一份有效的中国香港进口许可证(或由香港特区政府发出的书面声明,证实不须领备进口许可证,或以"无须具备许可证"通知书形式发出)。出口商或转口商须持有该许可证,并且在装运时许可证不得过期。此外,中国香港的转口商在中国香港转口任何受《出口管理条例》管制,以及出于国家安全、导弹科技、核不扩散列 1 或生化武器的原因而受限制的物品前,必须事前申领中国香港出口许可证(或由香港特区政府发出的书面声明,证实无须具备出口许可证)。若持有中国香港出口许可证,货物必须在许可证有效期内进行装运,并遵行有关条款。 3. 5 月,由美国环境保护局(EPA)制定,美国联邦公报发布的"复合木制品甲醛释放标准"的最终规则正式生效。按照规则要求,自 2017 年 12 月 12 日起,所有在美国销售、供应、代销及制造(包括进口)的以单板或复合芯制造的硬木胶合板、刨花板及中密度纤维板以及包含有这些材料的复合木制品应符合上述标准规定的甲醛释放要求。

① http://www.cacs.gov.cn.

② http://www.mofcom.gov.cn.

（续表）

经济体	2017 年中国主要贸易伙伴贸易政策重大调整
美　国	4. 12 月，特朗普政府正式拒绝中国在全球贸易规则下获得“市场经济”待遇的要求。 5. 12 月 2 日，美国国会参议院 2 日凌晨投票通过大规模减税法案，标志着特朗普政府和国会共和党离完成美国三十年来最大规模减税计划更近一步。
欧　盟	1. 1 月 1 日起欧盟有关自动交换跨境税收裁定信息新规则生效。新规则使得成员国可以获得必要信息，侦查有关避税行为并采取相应行动。 2. 1 月 10 日，欧盟通过提升服务部门竞争力的四大具体措施，包括：一是建立新的欧洲服务 E 卡；二是设立关于职业服务国家规定的比例性评估（proportionality assessment）；三是出台职业规定成员国改革指南；四是提高成员国服务法律草案通报。 3. 2 月 10 日，欧盟官方公报发布委员会法规（EU）2017/227，REACH 法规附件 XVII 正式新增对十溴联苯醚（decaBDE）的限制条款。（EU）2017/227 将于 OJ 发布后第 20 天开始生效。2019 年 3 月 2 日之后，物质、混合物及物品中 decaBDE 的质量百分含量等于或大于 0.1%，则不得生产或投放市场。 4. 3 月 1 日，欧亚经济委员会执委会 2 月 28 日通过了一系列技术规范和标准清单，涉及玩具、娱乐设施、电子技术、无线电设备生产、小型船舶安全、公路安全、液化石油气使用等内容，此外，还做出了涉及技术调节、工业、关税合作领域的系列决议。 5. 4 月 19 日起，欧盟对进口有机产品实施的电子认证制度生效。此举旨在强化对进口有机产品的追溯、打击食品掺假、确保数据的真实性。 6. 5 月 3 日，欧盟各成员国常驻欧盟大使通过了理事会有关反倾销新方法提案（欧委会去年 11 月提出的与履行第 15 条义务有关的提案）的立场，并要求欧盟理事会轮值主席国与欧洲议会开启谈判。欧盟理事会的立场在很大程度上反映了欧委会提案的主要原则，同时非常详尽地列举出以下判定存在严重市场扭曲的情形：一是国家政策及影响；二是国有企业存在的广泛程度；三是歧视性地支持国内企业；四是缺乏独立的金融部门；五是没有充分实施破产法、公司法和财产法。如判定出口国存在严重市场扭曲，欧委会将有权做出更正，使用与出口国经济发展水平相当的第三国的生产成本和销售价格，或是未受扭曲的国际成本和价格来替代计算倾销幅度。欧委会将起草有关国家和行业市场扭曲报告，欧盟产业可依据这些报告来提交反倾销调查申请。 7. 5 月 10 日，随着 2017 年初欧洲化学品管理署（ECHA）在 REACH 法规高关注物质清单中新增双酚 A、全氟癸酸、4-庚基酚及 4-叔戊基苯酚四种物质，使得 REACH 法规的高关注物质清单增加至 173 种，影响我国出口化学品和纺织、服装、玩具、鞋帽、塑料等消费品出口产业。 8. 德国 7 月通过一项新法，规定政府可在关键技术有可能落入他国手中的情况下，阻止外资收购德企。此外，新法规定德国政府评估这些并购交易的时间也将从两个月增至四个月，新规定无需经过国会审批，并且很快就会生效。 9. 10 月 4 日，欧盟执委会、欧洲议会和欧盟 28 个成员国终于就限制中国廉价进口商品的新规达成了统一意见。

(续表)

经济体	2017 年中国主要贸易伙伴贸易政策重大调整
欧　盟	10. 10 月,欧盟涉及能源相关产品的能源标签改革已经生效,并于不同时间推行适用于中国香港及其他地区生产商和供应商的规定。新的第 2017/1369 号规例载列有关的改革措施,为能源标签制定框架,并将于一段时间后取消现行的 3A 级别(由 A+至 A+++),重新使用之前的 A 至 G 级别制度。第 2017/1369 号规例已经刊载于欧盟《官方公报》内,并于 2017 年 8 月 1 日生效。该规例针对产品使用时的能源效益及能源消耗,设立一个新架构,以便贴附标签及提供标准的产品资料。该规例旨在鼓励顾客比较不同产品的能源标签,从而购买更具能源效益的产品。 11. 欧洲议会国际贸易委员会于 11 月 23 日通过了《数字贸易战略》报告,该报告以促进建立欧盟数据贸易战略,加快制定相关政策来确保跨境数据信息自由流动。该报告就电子商务、网络中立、保护在线消费者等议题向欧委会提出了建议。该报告称,欧盟应对数据贸易的国际规则和协定设立标准,确保第三国开放数字产品和服务,应让贸易规则为消费者创造有形的利益,促进数字贸易尊重消费者基本权利。报告认为,欧盟应增加给予贸易伙伴"充分性认证"的数量,到目前为止,只有 5 个国家获得欧盟该项认证。同时,该报告还呼吁欧盟加快在贸易协定中设立数据流动章节,禁止强制性要求数据本地化。数字产业界和消费者组织对欧洲议会国际贸易委员会通过该报告表示欢迎,认为这显示出欧盟重视数字贸易战略,并将公民隐私和信息保护放在重要位置。 12. 12 月,欧盟公布反倾销调查新方法修正案。修正案不再有把中国作为"非市场经济国家"的法律假设,但却引入了市场"严重扭曲"的概念。在符合所谓市场"严重扭曲"的情况下,欧盟可以弃用出口国的价格或成本,而选择使用第三国或国际市场价格或成本来确定是否存在倾销,即"替代国"做法。
澳大利亚	1. 2018 年 7 月 1 日起,澳大利亚将对向境内销售商品价值不高于 1 000 澳元的海外商务交易征缴商品及服务税(GST)。这一规定适用于通过商家、线上交易平台及转运商销售的商品。 2. 8 月 25 日,澳大利亚发布 G/SPS/N/AUS/433 号通报,发布《2017 年出口管制法案》草案,澳大利亚政府在审查澳大利亚的出口立法(G/SPS/N/AUS/364)后,提出修改出口立法。该法案草案将《1982 年出口管制实施条例》和《1997 年澳大利亚肉类和活畜行业法案》纳入出口管制法案。出口管制法案将反映出商品特定的要求,将取代目前的出口管制令而不改变其意图。澳大利亚承诺满足贸易伙伴的进口要求以及《SPS 协定》规定的国际义务。商业惯例和监管要求将在当前和未来立法之间保持一致。改进的出口立法提供了一种监管制度,其管理更加灵敏和有效。
日　本	2017 年 3 月 30 日,日本消费者事务局(CAA)发布《家用产品质量标签法》修订案,对纤维术语和产品的适用性进行修订。新的《家用产品质量标签法》已于 2017 年 4 月 1 日起施行。上一版本的法律仍然有效期至 2018 年 3 月 31 日。在此过渡期间,新旧版本均适用。

（续表）

经济体	2017 年中国主要贸易伙伴贸易政策重大调整
土耳其	9 月，土耳其官方宣布对鞋类产品中的组成物质提出新的限制要求，并已于 2017 年 7 月 10 日正式纳入海关监管和市场监管的要求中。
印　度	1. 3 月 30 日，印度下议院通过了几项关键的法案，决定从 7 月份开始在全国范围内征收商品及服务税。 2. 2017 年 9 月 1 日，印度商务和工业部对外贸易总局发布 26/2015—2020 号通告，修订玩具进口政策。
俄罗斯	1. 3 月 1 日，俄罗斯联邦委员会审议通过对外国公民入境符拉迪沃斯托克自由港实行简化签证制度的相关法案。法案已提交普京总统签署。法案实施将促进远东地区投资环境改善、推动旅游业发展。 2. 10 月 1 日起，俄罗斯实行免税制度。 3. 12 月 20 日，俄罗斯经济发展部部长奥列什金表示，俄罗斯将逐步放弃直接进口替代政策。 4. 11 月 22 日俄罗斯联邦委员会通过了关于在俄罗斯实行免税政策的法案。法案规定除欧亚经济联盟成员国之外国家的公民若一天内在俄罗斯购买商品金额超过 1 万卢布（约合 170 美元），可在出关时退回所付增值税。该政策不适用于需缴纳消费税的商品，并且俄罗斯政府有权确定不适用该项政策的商品清单。免税政策将从 2018 年开始试行。
韩　国	1. 7 月 12 日，韩国食品药品安全处发布了《进口食品安全管理特别法》部分修改草案，以强化通关阶段进口食品的安全管理，改善与食品安全无关的规定。 2. 11 月 6 日，韩国技术与标准局（KATS）通过 WTO 发布公告，内容涉及修订锂电池安全的技术法规草案。技术法规草案对笔记本电脑、平板电脑、手机等的锂电池的充电测试、振动测试及机械冲击测试做了详细规定，要求必须按此执行。此举旨在保护人类生命安全，防止意外发生。

资料来源：根据中国贸易救济信息网①及商务部网站②及相关国家及国际组织官方网站数据统计整理。

1.3.2　主要贸易伙伴经贸政策调整保护色彩依然浓厚

2017 年，中国主要贸易伙伴均对本国贸易政策进行了一系列调整，各类技术性贸易壁垒的应用有增无减，贸易保护主义色彩依旧浓厚。但值得注意的是，上述贸易保护主义色彩也并非针对所有国家及波及全部行业。在部分行业及特定国家，贸易投资自由化程度则有所提高。例如俄罗斯与印度，均加紧出台相关

① http://www.cacs.gov.cn.

② http://www.mofcom.gov.cn.

促进投资自由化措施,反映了全球价值链下投资贸易一体化、投资超越贸易的发展趋势。

1.3.3 中国参与 WTO 争端解决机制

2017 年,WTO 成员向争端解决机构新发起 17 起案件,与 2016 年持平。2017 年的 17 起争端案件共由 9 个 WTO 成员向争端解决机构提起,其中,美国、加拿大、卡塔尔各提起 3 起,俄罗斯和乌克兰各提起 2 起,巴西、墨西哥、土耳其、印度尼西亚各提起 1 起。从被诉的 WTO 成员来看,共 12 个,其中,美国和加拿大为主要被诉方,分别被诉 4 起和 3 起争端案件,美、加两个成员被诉案件合计占 2017 年 WTO 争端案件总数的 41.2%;其余被诉 WTO 成员还包括阿联酋、澳大利亚、巴林、俄罗斯、哥斯达黎加、哈萨克斯坦、欧盟、沙特阿拉伯、乌克兰和中国,各 1 起。

表 A1.17　2017 年 WTO 争端解决机制中新发起的涉华案件

名称及案件编号	中方的诉讼地位	案 情 概 要
美国—中国对原铝生产商补贴措施案(DS519)	被 告	2017 年 1 月 17 日,WTO 发布通报称,美国于 2017 年 1 月 12 日就中国原铝补贴措施案(DS519)向 WTO 申请与中国进行磋商。美国主张中国自 2007 年向中国原铝生产商提供包括优惠银行贷款等金融优惠政策及低价原料、生产资料在内的一系列补贴措施,涉嫌违反《补贴与反补贴措施协定》第 6.3 条(a)、(b)、(c)、(d)款及《1994 年关税与贸易总协定》第 16:1 条的规定,对美国利益造成《补贴与反补贴措施协定》第 5(c)条规定的包括严重损害在内的不利影响。

资料来源:根据 WTO 官方网站①相关内容整理。

总体而言,2017 年 WTO 裁决下来的涉及中国的案件仅有两个,分别是 DS483 案(中国在对加拿大进口浆粕反倾销措施案)以及 DS492(欧盟—影响特定禽肉产品关税减让措施案),主要涉及《反倾销措施协定》以及《GATT1994》(见表 A1.18)。以下就 DS483 案做一评述并就中国关心的 DS515 及 DS516 关于对中国产品反倾销调查中适用"替代国做法"的两个案件最新发展做一分析。

① https://www.wto.org/english/tratop_e/dispu_e/dispu_e.htm.

表 A1.18　2017 年 WTO 争端解决机制中做出裁决的涉华案件

名称及案件编号	中方的诉讼地位	案 情 概 要
中国—加拿大进口浆粕反倾销措施案(DS483)	被　告	本案源起于中国对从加拿大进口的浆粕实施反倾销调查及其后基于调查决定而征收的反倾销税。2013 年 2 月 6 日，中国商务部发布 2013 年第 10 号公告，决定对“原产于美国、加拿大和巴西的进口浆粕进行反倾销”立案调查。2013 年 11 月 6 日，商务部发布 2013 年第 75 号公告，就调查做出初步裁定，建议对上述产品征收反倾销税。2014 年 4 月 4 日，根据《中华人民共和国反倾销条例》第三十八条的规定，商务部向国务院关税税则委员会提出征收反倾销税的建议，国务院关税税则委员会根据商务部的建议作出最终决定，自 2014 年 4 月 6 日起，对原产于美国、加拿大和巴西的进口浆粕征收反倾销税。 2014 年 10 月 15 日，加拿大要求就中国进口加拿大浆粕征收反倾销税措施与中国展开磋商。加拿大认为中国本案中所实施的措施与《反倾销措施协定》第 1.2.1 条；第 2.2 条；第 2.2.1.1 条；第 2.2.2 条；第 2.4 条；第 3.1 条；第 3.2 条；第 3.4 条；第 3.5 条；第 4.1 条；第 6.1 条；第 6.2 条；第 6.8 条；第 6.9 条；第 6.10 条；第 6.10.2 条；第 8.1 条；第 8.3 条；第 9.4 条；第 12.2 条；第 12.2 条；《反倾销措施协定》附件以及《GATT1994》第 6 条不符。 磋商无果后，2015 年 2 月 12 日，加拿大要求就此案成立专家组。2015 年 3 月 10 日，争端解决机构设立专家组。2015 年 4 月 27 日，专家组组成。智利、欧盟、日本、韩国、挪威、美国、巴西、新加坡以及乌拉圭作为第三方保留第三方权利。2017 年 4 月 25 日，专家组散发本案专家组报告。该案专家组作出以下裁决： 1. 认定加拿大未有效证实：(1)中国商务部对加涉案产品总量的计算违反《反倾销协定》第 3.1 条和第 3.2 条规定；(2)中国商务部根据涉案产品市场份额的变化来考量价格影响，并在考量中采用了定价文件及会议纪要的做法违反《反倾销协定》第 3.1 条和第 3.2 条规定；(3)中国商务部在调查涉案产品对中国国内产业的影响方面违反《反倾销协定》第 3.1 条和第 3.4 条规定；(4)在产业损害调查中将棉短绒短缺作为产业损害的已知因素之一违反《反倾销协定》第 3.1 条和第 3.5 条规定。 2. 认定加拿大有效证实：(1)中国商务部在考量价格影响时未充分解释平行价格趋势的重要性和涉案产品的价格高于中国国内同类产品价格的事实违反《反倾销协定》第 3.1 条和第 3.2 条的规定；(2)中国商务部对涉案产品与产业损害之间因果关系的认定违反《反倾销协定》第 3.1 条和第 3.5 条规定；(3)中国商务部将棉花和粘胶短纤(VSF)价格的变化影响、国内产业过度扩张、生产过剩、库存积压和非涉案产品进口的影响作为产业损害的已知因素，并且未能剔除涉案产品对国内产业造成损害的影响，这违反了《反倾销协定》第 3.1 条和第 3.5 条规定。

（续表）

名称及案件编号	中方的诉讼地位	案 情 概 要
欧盟—影响特定禽肉产品关税减让措施案（DS492）	原 告	2015 年 6 月 19 日，中国政府就诉欧盟禽肉关税配额案向世贸组织争端解决机构提交了设立专家组的请求，要求将本案推向专家组审理阶段。 中国认为，欧盟分别于 2006 年和 2012 年对其部分禽肉产品的关税减让进行修改，提高了部分禽肉产品的约束关税，并设定了关税配额，将绝大部分关税配额分配给巴西和泰国，而包括中国在内的其他世贸组织成员方只能分享很少量的关税配额。欧盟的上述措施严重损害了中国禽肉生产出口企业的利益，为此，中国政府多次在不同场合与欧盟进行交涉，但欧盟始终未能解决中方关切。2015 年 4 月 8 日，中方就欧盟的禽肉关税配额管理措施，提出与欧盟在世贸组织争端解决机制下进行磋商，正式启动世贸组织争端解决程序。5 月 26 日，中欧双方在日内瓦就本案举行了磋商，未能实现和解。 2017 年 3 月 28 日，专家组散发专家组报告。专家组报告在认同部分中国主张后，基本全面驳回了中国的主张。主要裁决为： 1. 中国不能证明欧盟的以下做法与 GATT1994 第 28 条不符：(1)不承认中国拥有主要或实质供应利益；(2)未能以不低于减让表修改前有利于贸易的方式保持一般互惠和互惠减让的有利水平。 2. 中国不能证明欧盟的以下做法与 GATT1994 第 13 条第 2 款 d 项不符，因为没有确定哪些国家在提供有关产品方面拥有实质利益，这些国家的进口份额是否缺乏 SPS 管制措施；但是中国已经证明，放松 SPS 管制措施后中国的进口增长是一个“特殊因素”，欧盟基于两个关税条款不承认中国持有大量的利益和未能与中国达成协议的做法与第 13 条第 2 款(d)的规定不符不一致。 3. 认为中国未能证明欧盟基于缺少 SPS 措施对中国进口产品的影响的情况下，进口份额情况的基础上确定不向“所有其他”分配关税配额做法与第 13 条第 2 款前言部分不符；但是中国已经证明，在放松卫生和植物检疫措施之后，从中国进口的增加是一个“特殊因素”，欧盟必须予以考虑，从而欧盟根据两个关税条款规定，不分配更广泛的“所有其他”份额的做法与第 13 条第 2 款起首部分不符。 4. 认为中国未能证明欧盟的以下行为不符合以下相关规定：(1)未对所有关税配额的至少 10%的“所有其他”份额做出分配与第 13 条第 2 款前言规定不符；(2)将所有或绝大部分关税配额分配给巴西和泰国与第 12 条第 1 款和第 1 条第 1 款不符；拒绝与中国进行“有意义的协商”与第 13 条第 4 款不符；修改通过认证后反映在其附表的真实案文之前实施第 28 条谈判所产生的修改，并在中与第 2 条第 1 款不符。

资料来源：根据 WTO 官方网站①相关内容整理。

① https://www.wto.org/english/tratop_e/dispu_e/dispu_e.htm.

(1) DS483 案——中国在对加拿大进口浆粕反倾销措施问题上败诉

① 案情与专家组裁决。

本案源起于中国对从加拿大进口的浆粕实施反倾销调查及其后基于调查决定而征收的反倾销税。2013 年 2 月 6 日，中国商务部发布 2013 年第 10 号公告，决定对“原产于美国、加拿大和巴西的进口浆粕进行反倾销”立案调查。2013 年 11 月 6 日，商务部发布 2013 年第 75 号公告，就调查做出初步裁定，建议对上述产品征收反倾销税。2014 年 4 月 4 日，根据《中华人民共和国反倾销条例》第三十八条的规定，商务部向国务院关税税则委员会提出征收反倾销税的建议，国务院关税税则委员会根据商务部的建议作出最终决定，自 2014 年 4 月 6 日起，对原产于美国、加拿大和巴西的进口浆粕征收反倾销税。

A. 磋商及程序性阶段。

2014 年 10 月 15 日，加拿大要求就中国进口加拿大浆粕征收反倾销税措施与中国展开磋商。加拿大认为中国本案中所实施的措施与《反倾销措施协定》第 1.2.1 条；第 2.2 条；第 2.2.1.1 条；第 2.2.2 条；第 2.4 条；第 3.1 条；第 3.2 条；第 3.4 条；第 3.5 条；第 4.1 条；第 6.1 条；第 6.2 条；第 6.8 条；第 6.9 条；第 6.10 条；第 6.10.2 条；第 8.1 条；第 8.3 条；第 9.4 条；第 12.2 条；第 12.2 条；《反倾销措施协定》附件以及《GATT1994》第 6 条不符。

磋商无果后，2015 年 2 月 12 日，加拿大要求就此案成立专家组。2015 年 3 月 10 日，争端解决机构设立专家组。2015 年 4 月 27 日，专家组组成。智利、欧盟、日本、韩国、挪威、美国、巴西、新加坡以及乌拉圭作为第三方保留第三方权利。2017 年 4 月 25 日，专家组散发本案专家组报告。

B. 专家组裁决。

在本案中，加拿大就中国对从加拿大进口的浆粕实施反倾销调查及其后基于调查决定而征收的反倾销税措施提起质疑。加拿大强调中国商务部在反倾销调查中就损害的确定存有问题。

虽然加拿大在要求设立专家组之时认为中国的措施广泛与《反倾销措施协定》一系列实体性及程序性条款的规定不符，但在其第一次提交的书面诉状中，撤回了当中大部分主张。聚焦指控中国实施措施与《反倾销措施协定》关于“倾销损害确定”的具体第 3.1 条、第 3.2 条、第 3.4 条、第 3.5 条不符，并从而违反《GATT1994》第 6 条。

为具体审查加拿大就中国违反“损害确定”相关条款主张的合法性，专家组认为其应首先对《反倾销措施协定》第 3 条“损害的确定”作宏观把握。基于此，专家组首先对《反倾销措施协定》第 3.1 条做了解读。

《反倾销措施协定》第 3.1 条规定:“就 GATT 第 6 条而言,对损害的确定应依据肯定性证据,并应包括对下述内容的客观审查:(a)倾销进口产品的数量和倾销进口产品对国内市场同类产品价格的影响”;及(b)这些进口产品随之对此类产品国内生产者产生的影响。

专家组指出,此条款要求反倾销调查机关必须考虑、审视以及评估一系列客观因素,方可做出倾销产品对国内产业造成损害的决定。同时,此条款中要求的“对损害的确定应该依据肯定性证据”及相关两个客观因素的审查考虑,贯穿于确定第 3 条其他实体条款标准是否达到之中。第 3 条除第 1 款外的其他条款均需要以第 1 款中所确立的标准及原则进行审视。其后,专家组在专家组报告中具体审查了加拿大的主张。

一是关于倾销产品的数量问题。本案中,加拿大首先质疑中国商务部对《反倾销措施协定》第 3.2 条中倾销产品数量的判断。在反倾销调查中,商务部认定:“倾销的进口产品数量在绝对值上已经超过调查期间的 43.82%。”加拿大对上述认定并不存在质疑,但是其认为中国商务部并无从加拿大所认为的该增加并不构成“大幅增加”的角度评估该数量的增加是否构成“大幅增加”。加拿大强调:“为了审查倾销进口产品的绝对数量是否存在大幅增加,调查机关应该对该增加周边的事实影响因素做出全面以及个案分析。”

专家组认为,为了审查倾销进口产品的绝对数量是否存在大幅增加,调查机关应该对损害调查期间进口产品的数量增加的趋势、变化及发展做出全面考量。需要考虑进口产品数量增加的趋势、变化及发展是否重要、突出以及结果导向。同时,专家组认为,进口倾销产品数量绝对值的增加只需要考察是否存在数量上的大幅增加,而不应该过多地考虑其他因素。因为其他相关性因素,虽然与该进口倾销产品是否造成产业损害有关,但是并不构成第 3.1 条关于倾销数量认定的决定性因素。专家组指出,加拿大不应该混淆第 3.1 条与第 3.4 条之间的关系以及两个条款各自的权利与义务范围。故专家组认为,加拿大的以上主张得不到其相应的逻辑证明支持,驳回其相应主张。

二是关于倾销产品的价格影响问题。本案中,加拿大主张中国商务部就倾销损害的决定是基于对进口倾销产品对国内同类产品错误的产品影响结论基础上的,因此与《反倾销措施协定》第 3.2 条的规定不符。加拿大特别强调,中国商务部就 2011 年下半年至 2012 年年底期间存在的价格削减不能解释进口倾销产品对国内同类产品造成严重价格削减现象。具体而言,加拿大认为,中国商务部未能做到:(a)客观地考察平行价格趋势的存在以及客观地就其做出的重大价格削减找到所谓平行价格上的合理解释;(b)解释进口倾销产品在调查期间价格高于中国国内同类产品的现象；(c)客观地对进口倾销产品的市场份额在调查期间一直保持稳定的现象做出相应解释；(d)客观地对定价文件以及会议纪要做出审查。

就第一点而言，专家组支持了加拿大的主张。认为虽然中国合理地发现在调查期间进口倾销产品与国内同类产品存在平行价格的趋势，但是中国并无进一步解释该平行价格的存在对于国内同类产品价格之下降有何影响，以及进口倾销产品在价格及数量上的变化是如何影响国内同类产品的价格的。

就第二点而言，加拿大认为中国商务部并无就在进口倾销产品比国内同类产品价格高 9%至 29%这一情况下仍然判定进口倾销产品造成了价格削减这一决定做出合理解释。专家组考察相关证据后注意到，在 2010 年上半年至 2011 年上半年的调查期间，进口倾销产品较国内同类产品之售价确实存在一个快速上升的过程，即从 2010 年上半年低于同类产品 12%的价格攀升至超过国内同类产品价格。但专家组援引中美汽车案专家组的结论指出，进口倾销产品价格高于国内同类产品价格并不能完全说明就不存在价格削减。倾销产品价格与国内同类产品价格之间的高低与价格削减之间并不存在必然的因果关系。关键在于调查机关是如何解释进口产品价格在高于国内同类产品价格情况下构成了价格削减。但是专家组指出，中国商务部在对利益相关方的主张回答中并无就此做出合理的解释。因此，专家组支持了加拿大的主张。

就第三点而言，中国的回应认为："中国商务部只需要专注于进口倾销产品是否在绝对数量上增加，相关规定并不要求中国政府要就该进口产品市场份额之变化做出考量。"专家组在对中国的回应分析时首先对《反倾销措施协定》第 3.2 条进行分析。

《反倾销措施协定》第 3.2 条第一句话就倾销进口产品的数量比较做出了三种选择，当中也包括产品的绝对数量增加的情况。而后，第 3.2 条第二句话(关于价格影响)与第 3.2 条与第一句话构成对调查机关做出损害决定的逻辑链条。也就是说，在调查机关就第 3.2 条第一句话关于倾销数量的论证时，其实调查机关已经需要就论证第 3.2 条第二句话关于价格影响做出分析。本案中，专家组考虑到中国商务部对倾销进口产品所造成的价格影响的分析是基于进口倾销产品的数量及价格基础上展开的。特别是，中国商务部已经把调查期间进口倾销产品数量的变化与进口倾销产品和国内产品价格的走向在损害以及因果性角度对价格降低背景下做出了相应的分析。也正是在此意义上，专家组认为中国商务部也已经考虑到市场份额的变化，意识到进口倾销产品的市场份额总体上将会走高。因此，专家组驳回加拿大的诉请，认为加拿大不能证明中国商务部的做法与《反倾销措施协定》第3.1条以及第3.2条不符。

就第四点而言,专家组驳回加拿大主张,认为作为一个客观及合理的反倾销调查主管机关,中国在考虑进口倾销产品对国内同类产品造成的价格影响时,把定价文件以及会议纪要纳入考虑范围,并无不妥。

三是进口倾销产品的国内产业影响问题。本案中,加拿大的第三个诉请是指控中国商务部对进口倾销产品对国内产业的影响的考量与《反倾销措施协定》第3.4条不符。其原因在于:(a)中国商务部没能客观地考虑国内产业的市场份额;(b)中国商务部没能合理地分析以及解释表明国内产业发展的因素。

专家组在考察《反倾销措施协定》第3.4条的相关法律标准后,认为第3.4条要求调查机关必须在对所有与产业状况相关的经济因素和指数做出评估的基础上考虑进口倾销产品对国内产业的影响。另外,相关影响的评估应该以符合第3.1条的客观及积极证据以作出。其后,专家组分别分析了加拿大的两个具体指控。

就第一点而言,专家组注意到中国商务部已经对调查期间的市场份额的趋势与发展以每年方式进行分析。更为进一步的是,中国商务部在价格影响分析时,基于半年数据对相关情况做出分析,意识到中国国内产业市场份额在持续攀升。基于此,专家组认为中国商务部已经对调查期间市场份额的发展与趋势做出了考量与分析,因此驳回加拿大的诉请。

就第二点而言,专家组认为中国在其反倾销决定以及对第3.5条就进口倾销产品与产业损害的因果关系论争中已经“合理以及客观”地对国内产业发展的因素做出了相应的解释。例如,中国在反倾销决定中指出:“由于需求的增加,国内产业建设及更新了一批生产设施,增加了生产能力、产出、销售数量、销售金额、就业、劳动生产率以及单位工资水平。”因此,专家组最终认为加拿大没能证明中国没能合理地分析以及解释表明国内产业发展的因素,所以驳回加拿大的诉请。

四是进口倾销产品与国内产业损害之间的因果关系及其他影响因素的剔除。《反倾销措施协定》第3.5条规定了进口倾销产品与国内产业损害之间的因果关系。第3.5条规定:“证明倾销进口产品与对国内产业损害之间存在因果关系应以审查主管机关得到的所有有关证据为依据。主管机关还应审查除倾销进口产品外的、同时正在损害国内产业的任何已知因素,且这些其他因素造成的损害不得归因于倾销进口产品。”

在进口倾销产品与国内产业损害之间的因果关系问题上,加拿大主张中国商务部关于进口倾销产品与国内产业损害之间因果关系的证明与《反倾销措施协定》第 3.5 条不符。加拿大特别指出："中国商务部未能客观地对其他所谓的与进口倾销产品一道同时对国内产业造成损害的因素予以考虑，这些因素具体包括：(1)棉花及粘胶短纤维价格的变化；(2)国内产业过度扩张、重复生产以及库存积聚；(3)非倾销进口产品以及(4)棉绒短缺。"

专家组在考察《反倾销措施协定》第 3.4 条的相关法律标准后，分别从中国商务部关于因果关系的决定以及其他所谓造成产业损害的因素非归因于进口倾销产品两个方面进行分析。

就中国商务部关于因果关系的决定问题，专家组回顾了之前其认为中国商务部的做法违反了第 3.2 条的结论，基于中国商务部在分析因果关系时仅仅基于第 3.2 条中的价格影响，而中国关于第 3.2 条的价格影响的分析又存在问题。同时，专家组强调，在对第 3.2 条的分析中，中国合理地发现在调查期间进口倾销产品与国内同类产品存在平行价格的趋势，但是中国并无进一步解释该平行价格的存在对于国内同类产品价格之下降有何影响。因此，专家组支持加拿大的诉请，认为中国商务部关于进口倾销产品与产业损害之间存在因果关系的判断与《反倾销措施协定》第 3.5 条不符。

就第二方面，专家组通过对可能对国内产业造成损害的四个因素包括"(a)棉花及粘胶短纤维价格的变化；(b)国内产业过度扩张、重复生产以及库存积聚；(c)非倾销进口产品以及(d)棉绒短缺"的分析，认为中国商务部并不能完全证明上述四个因素中的部分因素与国内产业损害有关，且上述部分因素所造成的国内产业损害应不能完全与进口倾销产品无关。因此，专家组认为中国商务部的做法与《反倾销措施协定》第 3.5 条不符。

② 上诉机构裁决及案件执行。

本案专家组报告通过及散发后，争议双方并无就此相关裁定做出上诉。2017 年 6 月 1 日，加拿大和中国通知争端解决机构，双方已同意实施争端解决机构的建议，执行合理时间为 11 个月。2017 年 8 月 25 日，商务部发布 2017 年第 43 号公告，决定通过再调查执行世界贸易组织争端解决机构关于加拿大诉中国浆粕产品反倾销措施案专家组报告的裁决。

(2) DS515 案及 DS516 案最新发展——关于对中国产品进行反倾销调查适用"替代国价格"及"非市场经济"国家的争辩

针对美国和欧盟在反倾销调查中适用"替代国"做法而提起的 WTO 诉讼一直在中国的持续关注范围中。中国诉美国与价格比较相关措施案(DS515)以及中国诉欧盟与价格比较相关措施案(DS516)两个案件是中国在 WTO 多边层面对美国及欧盟反倾销调查中有关价格比较做法的系统性质疑。

2016年12月12日，中国要求美国就与"非市场经济"国家在涉及中国产品的反倾销诉讼中确定正常价值相关的美国法律有关规定进行磋商。中国声称美国的上述措施似乎与以下不符：《反倾销措施协定》第2.1、2.2、9.2、18.1、18.4条；《GATT1994》第1条第1款，第6条第1款和第6条第2款；以及《马拉喀什建立世界贸易组织协定》第4条。越南于2016年12月20日要求加入磋商。2016年12月22日，澳大利亚、加拿大、日本和俄罗斯联邦要求加入磋商。2017年1月4日，墨西哥要求加入协商。2017年1月17日，欧洲联盟要求加入协商。随后，美国通知WTO争端解决机构，它已经接受加拿大、日本和墨西哥的要求加入磋商。当下该案件尚处于磋商阶段。专家组尚未成立。

同一天，2016年12月12日，中国要求欧盟就欧盟有关"非市场经济"国家在涉及中国产品的反倾销诉讼中确定正常价值的规定提出磋商。中国声称这些措施似乎与以下规定不符：《反倾销措施协定》第2.1条和第2.2条和《GATT1994》的第1条第1款和第6条第1款。越南于2016年12月20日要求加入磋商。2016年12月22日，澳大利亚、加拿大、日本、俄罗斯和美国要求加入磋商。2017年1月4日，墨西哥要求加入协商。2017年3月9日，中国要求成立专家组。当前，案件尚处于专家组阶段。预计专家组将于2018年下半年就此案做出裁决。

最新进展是，2017年11月底，美国向中国诉欧盟反倾销替代国方法DS516案件提交了第三方文件[①]，并以附件形式就有关WTO规则进行了法律解释。美国的这份文件，标志着在反倾销替代国做法方面，美欧形成了统一阵线。该文件主要是从WTO关于反倾销中替代国国法的相关法律规定及其与一成员市场是否具有市场经济地位的相关性展开论述的，论证主要分为以下两个部分：

第一，美国对WTO法律体系内就反倾销比较价格的相关法律规则做出了明确，特别强调反倾销价格比较相关法律规则是以市场价格为基础的。中国由于并未完成市场经济转型，相关价格仍然是扭曲且不可依赖的。美国指出，通过对《GATT1994》第6条第1款，《中国入世议定书》第15条，《GATT1994》第6条第1款第二个脚注、关贸总协定加入文件以及其他文本的案文的考察，得出的结论是GATT缔约方以及WTO成员一直均认识到非市场价格或成本在反倾销比较中并不适用。原因在于"确定价格可比性"时，非市场价格或成本并不适用。在做出反倾销裁决中，有必要确保正常价值与出口价格之间的可比性；也只

---

① U.S Submission European Union-Measures Related to Price Comparison Methodologies, https://insidetrade.com/sites/insidetrade.com/files/documents/nov2017/wto2017_0393a.pdf.

有当正常价值和出口价格之间的比较能够对《GATT1994》第 6 条和《反倾销措施协定》项下的倾销是否存在这一问题做出有意义的回答时，比较方为真确且得以保证。就此，WTO 成员一直认为非市场价格或成本不可靠以及发生了扭曲，因此不适用于反倾销比较。非市场价格和成本不构成或产生"在正常贸易过程中出现可比价格"，也正因为此，非市场价格和成本不适用于"确定价格可比性"。

美国认为，依据《GATT1994》第 6 条规定确定价格可比性时，进口国得拒绝采用非市场经济国家的国内价格和成本，并使用具备市场经济条件的价格或成本来替代。《GATT1994》第 6 条规定的该项权利，数十年间在各法律文本和实践惯例中都得到了确认：1954 年至 1955 年，WTO 成员方提议修订《GATT1994》第 6 条第 1 款并最终制定了《GATT1994》第 6 条第 1 条补充规定，该做法明确了《GATT1994》第 6 条对该权利做出了规定；同时，秘书处对 WTO 缔约方适用《GATT1994》第 6 条的情况进行审查，确立了在计算正常价值时拒绝使用非市场价格或成本的做法，该做法后来得到普遍适用；在波兰、罗马尼亚和匈牙利分别于 1967 年、1971 年以及 1973 年作为非市场经济国家加入关贸总协定时，各缔约方强调其在特定情况下（并非仅仅是补充规定中描述的情况）拒绝使用非市场价格或成本的权利；《反倾销措施协定》（1995 年）第 2 条沿用了第 6 条第 1 款的关键要素，并通过"适当比较"等术语强化了倾销比较中市场价格和成本的重要性。

由此，美国认为中国从根本上误解了《马拉喀什建立世界贸易组织协定》反倾销调查程序的相关规定。中国的核心主张即其国内非市场价格或成本必须用于倾销比较并无依据。因此，中国请求认定欧盟的反倾销规则违反《GATT1994》第 1 条和第 6 条及《反倾销措施协定》第 2.1 条和第 2.2 条的主张不成立。相反，WTO 成员方（以及关贸总协定缔约方）一贯认为，由于倾销比较须采用可比性的市场价格或成本，因此各国有权拒绝及替代非市场价格或成本。

为了提供论述证据，美国回顾了相关条款的起草与发展过程。美国指出，70 年前，23 个国家签署了关贸总协定，建立了多边贸易体系。该规则体系由市场经济国家设立，旨在限制各国对国与国之间贸易的影响。2001 年，中国加入世贸组织之时，并不属于市场经济国家。中国复关事务的工作组在审查报告中做出如下评述："在计划经济中，销售和采购决策不基于实际成本，也不存在反映市场力量的价格体系。所以一般认为计划经济国家无法履行关贸总协定的各项义务。就中国而言，（入世）谈判的前提是中国将改变其经济中市场力量和非市场力量的平衡关系，让以价格为导向的市场力量驱动贸易决策。"关贸总协定和 WTO 一般预设各成员方已经或正在发展自由市场经济。而中国在 2001 年加入 WTO 后，也将全面过渡到以自由市场原则为基础的经济体制。

美国认为，“入世”16 年后，中国还没有过渡到以自由市场原则为基础的经济体制。中国似乎怀着中国国内经济条件与 WTO 规则的适用无关的想法，引发了本次争端。大量的证据及中国自己的陈述都揭示了中国并非一个市场经济国家。中国受世贸组织规则约束，建立世贸组织协定也并未赋予中国任何特权。中国无权在干涉市场机制、扭曲市场结果、破坏世贸组织规则后，不承担任何后果。

第二，美国认为《中国入世议定书》第 15 条只是对《GATT1994》第 6 条和反倾销协定规定的确定价格可比性的强调与说明，WTO 进口成员方仍然可以拒绝适用中国的价格或成本并用具备市场经济条件的价格和成本进行替换，WTO 成员方没有放弃《GATT1994》和《反倾销措施协定》规定的征收反倾销税的权利。

美国认为，《中国入世议定书》第 15 条明确规定，接受调查产业具备市场经济条件时，应使用国内价格和成本，但不具备市场经济条件的情况下，各缔约方可拒绝采用国内价格和成本。因此，WTO 成员方并未在不考虑中国实际的情况下，同意在《中国入世议定书》设置自动将中国（或中国的某个产业）视为具备市场经济条件的时间节点。WTO 成员方也没有同意不顾证据，自动认定中国的价格和成本具备市场经济条件。因此，美国从反面论证，如果现在采取该做法，就是赋予中国特权，即中国有权要求其他成员方放弃《GATT1994》及《反倾销措施协定》规定的调查权利。

美国主张，中国企图在本次争端中歪曲法律解释，打破《建立世贸组织协定》中权利义务的对等性——该对等性是当时 WTO 成员方同意中国加入的关键理由。中国加入 WTO 后，各成员方都给予了中国优惠待遇，例如在关税方面给予了非歧视性待遇。但是，WTO 各成员方并没有放弃《GATT1994》和《反倾销措施协定》规定的征收反倾销税的权利，包括在进行倾销比较时拒绝采用并用市场价格和成本替换非市场价格和成本的权利。各成员方接纳中国加入 WTO，是寄望于中国会实现其当时跟其他成员方陈述的计划，在 15 年内完成向市场经济的转型。但 16 年后，显然中国还未完成转型。中国现在还试图剥夺 WTO 赋予其他成员方调查和征收反倾销税的权利。

综合上述可见，美国在第三方意见中论证的逻辑就是《GATT1994》第 6 条、《反倾销措施协定》以及包括《中国入世议定书》第 15 条关于倾销价格比较的规定均是基于正常贸易中的市场价格或成本为基础做出的，该所谓的市场价格或成本又与美国所主张的（意见缺乏具体论证）的市场经济为前提的。由于中国现在并未完成市场经济转型，故不能对中国产品基于正常贸易中的市场价格或成本做价格比较。同时，由于 WTO 成员方并未同意在《中国入世议定书》设置自动将中国（或中国的某个产业）视为具备市场经济条件的时间节点，因此替代国做法可以继续得以援用。但是，可以明确的是，关于“市场经济”的概念，WTO 没有给出界定。各国自己的界定也不相同。在这种情况下，认定中国是不是市场经济本身是缺乏标准的。美国的第三方意见一方面模糊“市场经济地位”和“替代国做法”之间的概念，把两者等同起来。这样就有机会借中国不具备“市场经济”地位，继续对中国适用替代国。另一方面，这么做就是把继续对中国适用替代国做法的责任推给中国，回避它本身违反 WTO 协定的问题，为自己的违规行为找一个堂而皇之的理由。欧盟也不希望承认中国市场经济地位，也不想放弃对中国适用反倾销替代国做法。在这一点上，美欧的观点是一致的。

2. 贸易政策:对外贸易发展与政策实现新突破

2017年全球经济温和增长,国际市场需求总体回暖,中国经济延续稳中有进、稳中向好态势。国家出台一系列政策促进外贸稳增长调结构,商务部等部门狠抓政策的落实,使得外贸发展取得显著成绩,进出口增长超出预期,结构进一步优化,质量效益继续提升,动力转换不断加快。

2.1 2017年中国外经贸运行状况回顾

2.1.1 中国进出口实现较快增长

2017年,中国货物贸易进出口总额27.80万亿元人民币,比2016年增长14.2%。其中,出口15.33万亿元,增长10.8%;进口12.47万亿元,增长18.7%;贸易顺差2.86万亿元,收窄14.5%。以美元计价,进出口总值4.1万亿美元,上升11.4%。其中,出口2.3万亿美元,上升7.9%;进口1.8万亿美元,上升15.9%。中国货物贸易扭转了连续两年负增长的局面,增速创6年来新高。

表A2.1 2005—2017年中国进出口总体情况 单位:亿美元

年份	进出口		出 口		进 口		
	总额	增速(%)	总额	增速(%)	总额	增速(%)	差额
2005	14 219.06	23.2	7 619.53	28.4	6 599.53	17.6	1 020.01
2006	17 604.39	23.8	9 689.78	27.2	7 914.61	19.9	1 775.08
2007	21 765.72	23.6	12 204.56	26.0	9 561.16	20.8	2 643.40
2008	25 632.60	17.8	14 306.93	17.3	11 325.67	18.5	2 981.26
2009	22 075.35	−13.9	12 016.12	−16.0	10 059.23	−11.2	1 956.89
2010	29 740.01	34.7	15 777.54	31.3	13 962.47	38.8	1 815.07

（续表）

年份	进出口		出口		进口		
	总额	增速(%)	总额	增速(%)	总额	增速(%)	差额
2011	36 418.64	22.5	18 983.81	20.3	17 434.84	24.9	1 548.97
2012	38 671.19	6.2	20 487.14	7.9	18 184.05	4.3	2 303.09
2013	41 603.08	7.6	22 100.19	7.9	19 502.89	7.3	2 597.30
2014	43 030.4	3.4	23 427.5	6.1	19 602.9	0.4	3 824.6
2015	39 535.6	−8.0	22 735.3	−2.9	16 800.3	−14.1	5 934.9
2016	36 855.7	−6.8	20 981.5	−7.7	15 874.2	−5.5	5 107.3
2017	41 045.0	11.4	22 635.2	7.9	18 409.8	15.9	4 225.4

资料来源：中华人民共和国商务部。

2.1.2　贸易主体结构继续优化，一般贸易在进出口中所占比重进一步提升

民营企业在中国对外贸易中地位进一步提升。根据商务部统计，2017 年，民营企业进出口 10.8 万亿元，增长 15.3%，占中国进出口总额的 38.5%，比 2016 年提高 0.4 个百分点，对进出口增长的贡献率达 41.2%。其中，出口 7.14 万亿元，增长 12.2%，占出口总额的 46.6%，比 2016 年高 0.6 个百分点；进口 3.67 万亿元，增长 21.8%。①

表 A2.2　2010—2017 年按贸易方式和企业性质的中国出口情况

单位：亿美元

项目		年份	2010	2011	2012	2013	2014	2015	2016	2017
总值		金额	15 784.4	18 992.8	20 487.14	22 100.2	23 427.5	22 735.3	20 981.5	22 635.2
		同比	31.30%	20.30%	7.90%	7.90%	6.10%	−2.90%	−7.70%	7.90%
贸易方式	一般贸易	金额	7 194.5	9 154.8	9 880.07	10 875.3	12 036.8	12 157	11 310.4	12 766.25
		同比	36.10%	27.20%	7.90%	10.10%	10.70%	1.00%	−6.96%	12.87%
		比重	45.60%	48.20%	48.20%	49.20%	51.40%	53.40%	53.90%	56.40%

① 资料来源：中华人民共和国商务部：《中国对外贸易形势报告(2018 年春季)》。

(续表)

项目		年份	2010	2011	2012	2013	2014	2015	2016	2017
贸易方式	加工贸易	金额	7 406.7	8 351.9	8 621.6	8 608.2	8 843.6	7 977.9	7 156	6 564.208
		同比	26.20%	12.80%	3.20%	−0.20%	2.70%	−9.80%	−10.30%	−8.27%
		比重	46.90%	44.00%	42.10%	39.00%	37.70%	35.10%	34.10%	29.00%
	其他贸易	金额	1 183.2	1 486.1	1 999.7	2 616.7	2 547.1	2 614.6	2 515.1	3 327.374
		同比	36.80%	25.60%	34.60%	32.20%	−2.70%	2.60%	−3.80%	32.30%
		比重	7.50%	7.80%	9.80%	11.80%	10.90%	11.50%	12%	14.70%
企业性质	国有企业	金额	2 343.6	2 672.2	1 694.3	2 489.89	2 564.9	2 423.9	2 156.1	2 312.3
		同比	22.70%	14.10%	−4.40%	−2.80%	3.10%	−5.50%	−11.04%	7.24%
		比重	14.90%	14.10%	11.30%	11.30%	10.90%	10.70%	10.28%	10.22%
	外商投资企业	金额	8 623.1	9 953.3	6 607.9	10 442.6	10 747.3	10 047.3	9 169.5	9 775.6
		同比	28.30%	15.40%	3.20%	2.10%	3.00%	−6.50%	−8.73%	6.61%
		比重	54.60%	52.40%	44.20%	47.30%	45.90%	44.20%	43.70%	43.19%
	其他企业	金额	4 812.7	6 360.5	4 789	9 167.7	10 115.2	10 278.3	9 655.9	10 547.3
		同比	42.20%	32.20%	—	19.10%	10.40%	1.60%	−6%	9.23%
		比重	30.50%	33.50%	32.00%	41.50%	43.10%	45.20%	46.02%	46.60%

资料来源:中华人民共和国商务部。

表 A2.3 2010—2017 年按贸易方式和企业性质的中国进口情况

单位:亿美元

项目		年份	2010	2011	2012	2013	2014	2015	2016*	2017
总值		金额	13 939.1	17 414.3	18 173.4	19 502.9	19 602.9	16 800.3	15 874.2	18 409.8
		同比	38.90%	24.90%	4.40%	7.30%	0.40%	−14.10%	−5.50%	15.90%
贸易方式	一般贸易	金额	7 546	9 747.3	9 899.5	11 097.2	11 095.1	9 231.9	9 013.3	10 824.96
		同比	42.20%	29.20%	1.60%	8.50%	−0.02%	−16.80%	−2.37%	20.10%
		比重	54.10%	56.00%	54.50%	56.90%	56.60%	54.90%	56.78%	58.80%
	加工贸易	金额	4 115.2	4 508.9	4 439.4	4 969.9	5 243.8	4 470	3 915.9	4 307.9
		同比	28.30%	9.60%	−1.50%	3.30%	5.50%	−14.70%	−12.40%	10.01%
		比重	29.50%	25.90%	24.40%	25.50%	26.80%	26.60%	24.67%	23.40%

（续表）

项目		年份	2010	2011	2012	2013	2014	2015	2016	2017
贸易方式	其他贸易	金额	2 277.9	3 158.1	3 834.6	3 435.8	3 264	3 117.6	2 945	3 276.9
		同比	49.20%	38.60%	21.40%	9.60%	−5.00%	−4.50%	−5.54%	11.27%
		比重	16.30%	18.10%	21.10%	17.60%	16.70%	18.50%	18.55%	17.80%
企业性质	国有企业	金额	3 875.5	4 934	3 324.7	4 989.9	4 910.5	4 078.4	3 607.3	4 374.4
		同比	34.30%	27.10%	1.90%	0.60%	−1.90%	−16.90%	−11.55%	21.10%
		比重	27.80%	28.30%	24.70%	25.60%	25.00%	24.20%	22.94%	23.76%
	外商投资企业	金额	7 380	8 648.3	5 690	8 748.2	9 093.1	8 298.9	7 665.8	8 615.8
		同比	35.30%	17.10%	1.10%	0.40%	3.90%	−8.70%	−7.63%	11.80%
		比重	52.90%	49.60%	42.20%	44.90%	46.40%	49.30%	48.76%	46.80%
	其他企业	金额	2 692.8	3 852.3	2 870.4	5 764.8	5 599.3	4 442.2	4 449.3	5 419.7
		同比	56.70%	43.10%	−25.49%	27.80%	−2.90%	−20.50%	0.16%	21.81%
		比重	19.30%	22.10%	21.30%	29.60%	28.50%	26.40%	28.30%	29.44%

注：* 表示 2016 年数据是通过汇率换算估计而得。
资料来源：中华人民共和国商务部。

2.1.3　部分高附加值机电产品和劳动密集型产品出口增长，进口效益进一步提升

我们的研究表明，近年来中国主要代表性出口商品主要分布在国家海关统计的四个领域，分别为第 61 章（针织或钩编的服装及衣着附件）、第 62 章（非针织或钩编的服装及衣着附件）、第 84 章（核反应堆、锅炉、机械器具及零件）、第 85 章（电机、电气、音像设备及其零附件）。其中，中国纺织类（第 61 章和第 62 章）产品的出口在总出口额中的比例在近年中始终保持稳定在 3%—5%之间，其中第 62 章（非针织或非钩编类）略有下降；而中国机电类产品（第 84 章和第 85 章）的出口在所有出口产品中比重最高。

商务部的相关统计表明，2017 年，中国机电产品出口 8.95 万亿元，增长 12.1%，占中国出口总额的 58.4%，比 2016 年提高 0.7 个百分点。高技术含量、高附加值的高新技术产品出口增长 13.3%，快于总体增速 2.5 个百分点，占比提高 0.6 个百分点至 29.4%。其中，汽车、计算机、手机出口分别增长 27.2%、16.6%和 11.3%。高新技术产品出口实现较快增长，反映出口商品结构进一步改善，源于出口企业自主创新能力不断增强。纺织品、服装、鞋类、箱包、玩具、家

表 A2.4 2007—2017 年中国出口主要商品情况

单位:亿美元

年份	2007	2008	2009	2010	2011	2012	2013	2014	2015	2016	2017
总值	12 204.56	14 306.93	12 016.12	15 777.54	18 983.81	20 487.14	22 100.19	23 427.47	22 735.3	20 981.5	22 635.2
初级产品	615.47	778.48	630.99	817.17	1 005.52	1 005.81	1 072.83	1 127.05	1 039.8	1 050.7	1 177.1
食品及活动物	307.51	327.64	326.03	411.53	504.97	520.8	557.29	589.18	581.6	610.5	626.4
饮料及烟类	13.96	15.3	16.41	19.06	22.76	25.9	26.08	28.83	33.1	35.4	34.7
非食用原料	91.54	113.46	81.56	116.02	149.78	143.41	145.7	158.28	139.2	130.8	154.4
矿物燃料、润滑油及有关原料	199.44	316.35	203.83	267	322.76	310.26	337.92	344.53	279.4	268.4	353.5
动、植物油脂及蜡	3.03	5.74	3.16	3.56	5.26	5.45	5.84	6.23	6.4	5.6	8.1
工业制成品	11 564.68	13 506.98	11 385.64	14 962.16	17 980.48	19 483.54	21 027.36	22 300.41	21 709.7	19 930.8	21 458.1
化学品及有关产品	603.56	793.09	620.48	875.87	1 147.87	1 136.29	1 196.59	1 345.93	1 296	1 218.9	1 413.3
按原料分类的制成品	2 198.94	2 617.43	1 847.75	2 491.51	3 196	3 331.68	3 606.53	4 003.75	3 913.1	3 512	3 680.5
机械及运输设备	5 771.89	6 733.25	5 904.27	7 803.3	9 019.12	9 644.22	10 392.46	10 706.32	10 594.5	9 845.1	10 829.1
杂项制品	2 968.53	3 346.06	2 996.7	3 776.8	4 594.1	5 357.18	5 814.48	6 221.74	5 881.5	5 296.2	5 477.7
未分类的其他商品	21.76	17.15	16.45	14.68	23.39	14.17	17.29	22.67	24.6	58.6	57.6

资料来源:中华人民共和国商务部。

表 A2.5　2009—2017 年中国进口主要商品情况

单位:亿美元

年　份	2009	2010	2011	2012	2013	2014	2015	2016	2017
总值	10 059.2	13 962.5	17 434.8	18 184.1	19 499.9	19 592.3	16 819.5	15 874.2	18 409.8
初级产品	2 898	4 338.5	6 042.7	6 349.3	6 576	6 474.4	4 730.1	4 401.6	5 770.6
食品及活动物	148.3	215.7	287.7	352.6	417	468.2	505	491.4	542.9
饮料及烟类	19.5	24.3	36.8	44	45.1	52.2	57.7	60.9	70.3
非食用原料	1 413.5	2 121.1	2 849.2	2 696.6	2 861.4	2 701.1	2 104.6	2 019.1	2 602.3
矿物燃料、润滑油及有关原料	1 240.4	1 890	2 757.8	3 130.8	3 149.1	3 167.9	1 988	1 762.8	2 478.4
动、植物油脂及蜡	76.4	87.4	111.1	125.3	103.4	84.9	74.8	67.3	76.8
工业制成品	7 161.2	9 624	11 392.1	11 834.7	12 926.9	13 128.5	12 089.4	11 472.6	12 639.2
化学品及有关产品	1 120.9	1 497	1 811.1	1 792.9	1 903	1 933.7	1 713.2	1 640.1	1 937.4
按原料分类的制成品	1 077.4	1 312.8	1 503	1 462.6	1 482.9	1 724.2	1 333.2	1 218.5	1 350.7
机械及运输设备	4 078	5 494.2	6 305.7	6 529.4	7 103.5	7 244.5	6 834.2	6 579.4	7 348.5
杂项制品	851.9	1 135.6	1 277.2	1 362.2	1 390.1	1 398.4	1 347.4	1 260.1	1 341.7
未分类的其他商品	33.1	184.4	495.1	687.7	1047.4	827.6	861.3	774.5	660.8

资料来源:中华人民共和国商务部。

具、塑料制品等七大类劳动密集型产品出口 3.08 万亿元,增长 6.9%,占出口总额的 20.1%,比 2016 年下降 0.7 个百分点。

2017 年,中国机电产品进口 5.78 万亿元,增长 13.3%。部分重要设备和关键零部件、优质消费品进口较快增长,其中发动机、集成电路和数控机床进口分别增长 17.6%、17.3%和 13.8%。中国能源资源产品进口增长较快,保障了国内市场需求,缓解了经济发展面临的资源约束。原油、铁矿砂、天然气、钢材、铜精矿等十类大宗商品合计进口 2.88 万亿元,增长 36.3%,占中国进口总额的 23.1%,比 2016 年提高 3 个百分点。中国是增长最快的全球主要进口市场,按美元计算,2017 年中国进口增速比美国、德国、日本和全球分别高出 8.9、5.5、5.4 和 5.3 个百分点,进口占全球份额提高 0.5 个百分点至 10.2%。

2.1.4 服务贸易规模保持增长趋势

2017 年,我国服务贸易收支总额 6 783 亿美元,较上年增长 4%。2017 年,服务贸易与货物贸易总额的比例为 17%。服务贸易中,知识产权使用费、个人文化和娱乐服务及电信、计算机和信息服务等高附加值服务贸易行业的收支总额均保持较高增速,分别增长 33%、22%和 21%。这表明中国服务贸易结构进一步优化。①

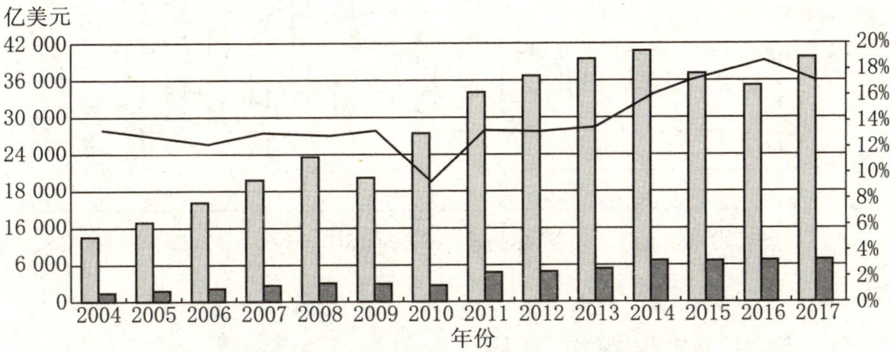

资料来源:2017 年中国国际收支报告。

图 A2.1 2004—2017 年中国货物贸易和服务贸易收支总额比较

根据国家外汇管理局的统计,服务贸易出口有所下降。2017 年,服务贸易出口为 2 065 亿美元,较上年下降 1%。占服务贸易收入比重较大的项目中,其

① 2017 年中国国际收支报告。

他商业服务微增 1%，运输增长 10%，旅行收入下降 27%。增长较快的项目是知识产权使用费，增长 3.1 倍。

2017 年，服务贸易支出 4 719 亿美元，较上年增长 7%。占服务贸易支出比重较大的项目中，旅行占比 55%，支出增长 3%；运输占比 20%，支出增长 16%。此外，其他商业服务支出下降 2%；知识产权使用费支出增长 20%；电信、计算机和信息服务支出增长 51%；保险和养老金服务支出下降 11%。

2017 年，服务贸易逆差为 2 654 亿美元，较上年增长 14%，旅行逆差仍为服务贸易逆差主要来源。2017 年，旅行逆差 2 251 亿美元，增长 9%。主要随着中国经济发展和国民收入提高，出国旅游、留学人数持续上升。服务贸易逆差中排名第二的是运输，2017 年，运输逆差 561 亿美元，增长 20%，中国进口增幅较大，货运运输支出随之增长，导致运输逆差上升。

2.1.5　直接投资由净流出转为净流入，直接投资资产增长规模下降

根据国家外汇管理局统计，直接投资由净流出转为净流入。2017 年，中国直接投资净流入 663 亿美元①，上年为净流出 417 亿美元。

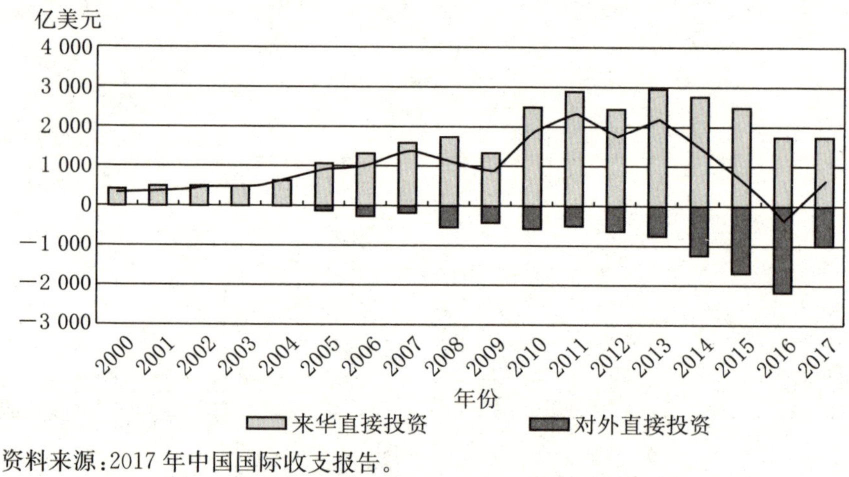

资料来源：2017 年中国国际收支报告。

图 A2.2　2000—2017 年直接投资基本情况

2017 年，中国直接投资资产（主要是中国对外直接投资）净增加 1 019 亿美元②，

① 直接投资净流动指直接投资资产净增加额（资金净流出）与直接投资负债净增加额（资金净流入）之差。当直接投资资产净增加额大于直接投资负债净增加额时，直接投资项目为净流出。反之，则直接投资项目为净流入。

② 直接投资资产以我国对外直接投资为主，但也包括少量境内外商投资企业对境外母公司的反向投资等。

较上年少增 53%。从投资形式看,对外直接投资整体稳定有序进行。一是股权投资类资产净增加 997 亿美元,较上年少增 32%,与 2015 年基本持平。一方面 2016 年对外直接投资存在非理性增长导致基数偏高,另一方面对外股权投资绝对规模并不低,表明对外直接投资的步伐更趋理性和平稳。二是对境外关联公司贷款等资产净增加 22 亿美元,较上年少增 97%,主要是随着人民币汇率更加稳定,境内企业对境外关联公司的短期放款冲动明显下降。

分部门看,对外直接投资结构进一步优化。一是非金融部门的直接投资资产净增加 832 亿美元,较上年少增 57%。在国内"走出去"投向的行业中,制造业由上年的第二位升至首位,占比为 28%,上升 7 个百分点;其次是信息传输、软件和信息技术服务业,占比为 26%,份额增长逾 2 倍。境内企业新增对外直接投资目的地仍主要集中于中国香港,占比逾五成,其次是英属维尔京群岛和美国,两者合计占比 39%,"走出去"目的地仍相对集中在资金进出管理相对宽松的国家/地区。二是金融部门的直接投资资产净增加 187 亿美元,较上年少增 12%,其中银行部门约占新增投资的八成。①

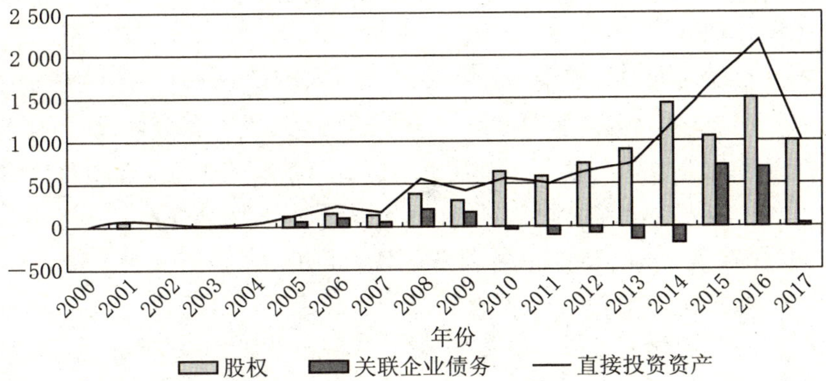

资料来源:2017 年中国国际收支报告。

图 A2.3 2000—2017 年中国对外直接投资状况

2.2 2017 年中国重要经贸政策与制度建设回顾

2.2.1 坚持共商共建共享 深化"一带一路"经贸合作

2017 年是党的十九大胜利召开之年,也是"一带一路"建设进入全面务实合

① 2017 年中国国际收支报告。

作新阶段的一年，"一带一路"经贸合作取得积极成效。

一是充分利用双边经贸联委会、混委会等现有机制，加强与沿线国家政府部门沟通，推动"一带一路"倡议同俄罗斯提出的欧亚经济联盟、蒙古"发展之路"、越南"两廊一圈"发展规划等实现对接。"一带一路"国际合作高峰论坛经贸合作成果，提出举办中国国际进口博览会和提供600亿元人民币援助、实施"3个100"项目等重大援外举措建议，受到广泛赞誉。与83个国家和国际组织发布了推进"一带一路"贸易畅通合作倡议，形成"一带一路"贸易畅通的第一份国际性共同倡议文件。筹办"推进贸易畅通"平行主题会议，有来自60多个国家和地区以及10多个国际组织近200位代表参会，发布一批重要成果，达成广泛共识。

二是推动实施世贸组织《贸易便利化协定》，降低贸易壁垒，妥善化解贸易摩擦。优化贸易结构，扩大沿线国家优势产品进口。发展跨境电子商务等新型贸易方式，扩大运输、建筑等服务贸易。开展贸易投资促进活动，发挥好中国—中东欧国家投资贸易博览会、中国—东盟博览会、中国—阿拉伯国家博览会等综合性展会的作用。全力做好2018年中国国际进口博览会筹办工作，搭建国际合作新平台。今年前11个月，我国与沿线国家贸易额达9 830亿美元，同比增长15.4%。

三是积极商签政府间投资合作协议，引导企业参与沿线国家基础设施建设，带动装备产品、技术、标准、服务联合走出去。拓宽投资合作领域，加强与沿线国家能源资源和农业合作开发。创新投资方式，推动境外投资合作项目建设运营一体化。着力规范企业经营行为，做好境外投资真实性、合规性审查。不断放宽外资准入领域，营造高标准的国际营商环境，吸引沿线国家来华投资。2017年前11个月，我国企业对沿线国家直接投资124亿美元，新签承包工程合同额1 135亿美元，同比增长13%；沿线国家在华实际投资50亿美元，新设立企业3 500多家。

四是充分利用政策性、开发性、商业性金融资源，支持对外承包工程、投资合作及境外经贸合作区等建设，增强示范带动效应。目前，肯尼亚蒙巴萨—内罗毕铁路已经竣工通车，中老铁路、巴基斯坦喀喇昆仑公路二期、马尔代夫中马友谊大桥项目等项目加快推进，伊朗德—马高铁、斯里兰卡汉班托塔港等稳步实施。我国企业在"一带一路"沿线国家推进建设75个境外经贸合作区，累计投资270多亿美元，吸引入区企业近3 500家，上缴东道国税费22亿美元，为当地创造近21万个就业岗位。中国—白俄罗斯工业园、中国—马来西亚"两国双园"项目、埃及苏伊士经贸合作区等成为合作典范。

2.2.2 积极有效利用外资,推动经济高质量发展

根据 2017 年国家关于外资工作的各项部署,中国政府全力营造良好营商环境,优化区域开放布局,着力培育利用外资新优势,创新进取,攻坚克难,利用外资实现稳中有进、稳中向好。

一是外资管理体制改革不断深化。商务部修订出台《外商投资企业设立及变更备案暂行办法》(商务部令〔2017〕第 2 号),将经营范围不涉及准入特别管理措施的外资并购纳入备案管理。同时,持续深化"放管服"改革,将负面清单以外的外商投资企业设立及变更备案全部通过网上办理,大幅提高便利化水平。

二是外商投资领域持续拓展。国务院印发《国务院关于扩大对外开放积极利用外资若干措施的通知》(国发〔2017〕5 号)《国务院关于促进外资增长若干措施的通知》(国发〔2017〕39 号),提出扩大对外开放积极吸收外资的 42 条措施,推动有关部门和各地加快制定落实举措和配套方案。修订《外商投资产业指导目录(2017 年修订)》和《自由贸易试验区外商投资准入特别管理措施(负面清单)》,分别减少 30 条和 27 条限制性措施,修订实施《中西部地区外商投资优势产业目录》,新增 139 条鼓励外商投资条目。外商在高端制造业、现代服务业领域和中西部地区的投资活力有效激发。

三是自贸试验区建设统筹推进。全面深化上海自贸试验区改革开放,在深入总结广东、天津、福建 3 个自贸试验区建设经验基础上研究提出新的试点任务,推动设立辽宁等 7 个自贸试验区,形成了"1＋3＋7"覆盖东西南北中的联动发展新格局。扎实做好自贸试验区改革试点经验的复制推广工作,形成并推广第二批最佳实践案例和第三批改革试点经验,研究提出新一批改革试点经验建议,形成改革红利共享、开放成效普惠的良好局面。2017 年 1—11 月,自贸试验区实际使用外资 915.1 亿元,达到全国的 11.4%。

四是确立国家级经济技术开发区发展方向,坚持发展实体经济,现已形成 20 多个千亿元级产业集群,涵盖汽车、电子、医药等领域。前三季度,国家级经开区规模以上工业总产值、财政收入、进出口总额,同比分别增长 7.7%、17.2% 和 16.7%。统筹推进边境经济合作区和跨境经济合作区建设,加大支持力度,助力沿边地区培育特色优势产业,开放发展基础日渐巩固。

2.2.3 积极发挥世贸组织核心成员作用,推动建设开放型世界经济

2017 年,面对逆全球化思潮盛行,保护主义、民粹主义抬头的复杂形势,中国政府认真贯彻国家领导人在二十国集团、亚太经合组织、金砖国家、世界经济

论坛、总理“1+6”圆桌对话会等各种高层会晤机制和治理平台的讲话精神，响亮发出坚定支持多边贸易体制、反对贸易保护主义的中国声音。在 12 月世贸组织第十一届部长级会议（MC11）期间，主动宣传党的十九大重要成果，阐述中国支持多边贸易体制、建设开放型世界经济、构建人类命运共同体的坚定立场，呼吁各方坚定捍卫世贸组织基本原则，得到世贸组织成员和总干事高度评价。MC11 期间，举办第六届“中国项目”圆桌会，与世贸组织秘书处签署第七期“中国项目”谅解备忘录和贸易便利化协定基金捐款谅解备忘录，推动世贸组织更加关注发展问题。

二是在世贸组织多边贸易谈判中围绕农业、反倾销反补贴、渔业补贴、投资便利化、电子商务等 8 个领域提出 18 份提案，联合阿根廷等 16 个成员成立“投资便利化之友”，加入“电子商务发展之友”和“中小微企业之友”，提升相关议题讨论热度。推动 MC11 达成渔业补贴工作计划、电子商务工作计划等部长决定，召集组织投资便利化部长早餐会，引导 70 个成员联署《关于投资便利化的部长联合声明》，与 60 个成员联署《关于服务国内规制的部长联合声明》。此外，推动《修改〈与贸易有关的知识产权协定〉议定书》和《贸易便利化协定》正式生效。

三是利用各种多双边场合及争端解决机制，要求世贸组织成员信守国际条约，按照承诺严格履行第 15 条义务，维护多边贸易体制的权威性和严肃性。深度参与世贸组织对欧盟、日本、巴西、尼日利亚等重要成员审议，表达关注。利用世贸组织例会机制，应对欧盟内分泌干扰物新分类标准、美国水产品进口监管计划、印度进口玩具新规定等技术措施取得成效。

四是提升“一带一路”沿线国家贸易畅通水平，增添共同发展新动力。一是在 7 月习近平主席访问俄罗斯期间，与俄罗斯签署《关于欧亚经济伙伴关系协定联合可行性研究的联合声明》，启动并实质性推进联合可研工作，努力促进中俄经贸合作关系深入发展。二是落实习近平主席与俄罗斯总统普京签署的《关于丝绸之路经济带建设和欧亚经济联盟建设对接合作的联合声明》，在 10 月与欧亚经济联盟实质性结束经贸合作协议谈判。三是在 3 月李克强总理访问澳大利亚期间，与澳大利亚签署关于审议中澳自贸协定有关服务和投资章节的意向声明，并于 10 月进行首次审议，提升双边经贸合作水平。四是在 5 月“一带一路”国际合作高峰论坛期间，与格鲁吉亚政府签署自由贸易协定。五是在 12 月与毛里求斯和摩尔多瓦签署启动自贸协定谈判谅解备忘录。

推动金砖国家第七次经贸部长会议通过《金砖国家投资便利化纲要》，纳入金砖国家领导人第九次会晤经贸成果，首次确立了跨境投资便利化政策核心要素，提出了增强投资政策透明度、提高投资行政管理效率和加强投资便利化实践信息分享与合作的具体内容和举措，进一步巩固和扩大了20国集团杭州峰会投资议题成果，不仅为金砖国家投资合作提供了政策指引，也为全球投资便利化政策协调提供了重要借鉴。

2.2.4 稳中求进，开拓中美经贸合作新格局

2017年，习近平主席与特朗普总统在海湖庄园、汉堡峰会和北京三次成功会晤，就发展双边关系达成重要共识。特朗普访华期间，在两国领导人的见证下，双方企业签署了总值2 535亿美元的商业合同和意向。

此后，中美双方积极推进“百日计划”，在不到一个月的时间里进行了60轮密集磋商，最终在“一带一路”、农产品贸易、金融服务、投资和能源等领域达成10项重要成果。在7月19日举行的首轮中美全面经济对话上，双方就服务业、中美经济合作百日计划及一年计划、全球经济与治理、宏观经济政策、贸易与投资、高技术产品贸易等议题深入交换意见，有效增进了对相互政策的了解，探索了解决问题的时间表、路线图，在一些问题上形成了共识。

最后，中美省州和城市间经贸合作不断推进。商务部已会同25个国内省市与美国7个州市建立“贸易投资合作联合工作组”。2017年，工作组中方秘书处向两国政府、商协会和企业发送中美经贸信息270期；在“百日计划”期间，先后组织30个团组、超过500名企业家赴美参加省州经贸促进活动，接待16个美国州市经贸代表团来访；动员有关省市组织155名企业家赴美参加“选择美国”投资峰会；利用网络直播、视频会议等手段组织项目对接，推动跨境电商平台与美国州市探讨扩大自美进口。

专栏2.1 从全球铝产业供应链贸易看美国“232调查”

(1) 美国“232调查”涉案铝产业供应链产品

2018年3月8日，美国总统特朗普根据美国商务部“232调查”报告签署命令，决定将对向美国进口的铝产品按10%的税率进行征税。此次美国“232调查”涉及的铝产品共包括7个4位税目和2个10位税目产品，主要为铝条、铝杆、铝材、铝丝、铝板和铝管，以及铝制铸件、锻件等。2017年，美国对上述产品征收的最惠国关税在1.45%至5.7%之间，其中，未锻轧铝(HS 7601)的实施关税最低为1.45%；铝管附件(HS 7609)的实施关税最高为5.7%。

表A2.6　美国“232调查”涉及铝产品税目表及2017年美国最惠国关税

2017年税目	产　品　名　称	2017年最惠国关税(%)
7601	未锻轧铝	1.45
7604	铝条、杆、型材及异型材	2.83
7605	铝丝	3.4
7606	铝板、片及带,厚度超过0.2毫米	3.85
7607	铝箔,厚度(衬背除外)不超过0.2毫米	3.77
7608	铝管	2.9
7609	铝管附件(例如,接头、肘管、管套)	5.7
7616995160	其他铝制品:铸件	2.5
7616995170	其他铝制品:锻件	2.5

资料来源:产品范围来自美国商务部《美国进口铝产品对国家安全影响(232调查)报告》第20页;最惠国税率来自美国2017年海关税则。

如表A2.6所示,此次美国“232调查”铝产品主要针对的是原铝和半成品,涵盖了全球铝产业供应链贸易的中游产品,但并未包括用于生产原铝的原料铝土矿和氧化铝,以及属于不同工业部门的铝废碎料①(HS 7602)以及铝粉(HS 7603)②。另外,此次“232调查”中还涉及部分铝制成品,包括铸件(HS7616995160)和锻件(HS7616995170)。但由于这两类产品只占美国涉案铝产品2017年进口额的1.4%,因此本书不再展开分析。

由此,与海关税目对应,本书对铝产业供应链的贸易流量分析将围绕原料、原铝和半成品三类产品展开,具体对应如表A2.7所示。

表A2.7　铝产业链分类与海关税目对应表

产业链	税目	产　品　描　述	美国“232调查”产品
原料	260600	铝矿砂及其精矿	
	281820	氧化铝(人造刚玉除外)	
原铝	7601	未锻轧铝	✓

①　由于环保产业的发展和循环再生的技术水平提升,废铝也成为铝产业链中不可或缺的一部分。美国是全球领先的再生铝的生产国,但由于回收铝不足,不能满足铝产品的需求增长,且飞机零件、电子产品需要纯金属,不能使用回收铝,因此通过铝废碎料制得的再生铝不能完全满足市场需求,合金的生产也主要依赖原铝。

②　美国商务部《美国进口铝产品对国家安全影响(232调查)报告》第20页。

(续表)

产业链	税目	产 品 描 述	美国"232调查"产品
半成品	7604	铝条、杆、型材及异型材	✓
	7605	铝丝	✓
	7606	铝板、片及带,厚度超过0.2毫米	✓
	7607	铝箔,厚度(衬背除外)不超过0.2毫米	✓
	7608	铝管	✓
	7609	铝管附件(例如,接头、肘管、管套)	✓

资料来源:根据生产环节和海关税目整理。

(2) 全球及美国铝产业供应链贸易基本情况

① 铝原料。

如图A2.4所示,中国、加拿大、俄罗斯、欧盟①、印度和美国是全球铝原料的主要进口国家/地区。其中,中国近年来一直是全球最大的铝原料进口国,2012年后占全球铝原料进口总额的比重基本维持在30%以上。2017年中国进口铝原料45.9亿美元,较2007年增长52.5%,占全球进口总额的32%。加拿大的铝原料进口也较为稳定,2017年进口额为17.5亿美元,占当年全球进口额的12.2%。俄罗斯和欧盟在全球铝原料进口中所占份额则呈下降走势,分别由2007年的14.3%和12.6%下降至2017年的10.3%和7.4%,2017年进口额

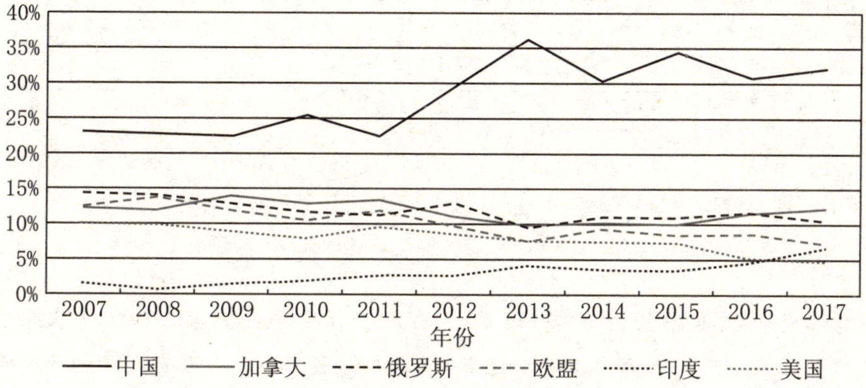

资料来源:根据Global Trade Atlas数据库各国/地区贸易数据计算。

图A2.4 全球铝原料主要进口国家/地区份额

① 欧盟数据采用欧盟28国整体对外贸易数据,不包括盟内贸易,下同。

分别为14.7亿美元和10.6亿美元。印度近年来铝原料的进口快速增长，从2007年的1.8亿美元增长至2017年的9.4亿美元，占全球的份额也从1.4%提升至6.6%。

美国在2007年至2017年间的炼铝原料进口下降较为明显，进口额由2007年的13亿美元下降至2017年的7.1亿美元，下降了45.4%，占全球的份额也由9.9%降至5%。这也反映出近年来美国国内炼铝相关产业生产能力不断下降的现实。

② 原铝(未锻轧铝)。

如图A2.5所示，欧盟、美国和日本是全球原铝的主要进口国家/地区，占2017年全球原铝进口金额的64.2%。其中，美国的原铝进口在近两年出现快速增长，进口额由2015年的72亿美元增长至2017年的106.4亿美元，占全球进口总额的份额也由18.2%上升到23.6%。而中国在全球原铝进口中所占份额较小，近三年进口额均低于5亿美元，仅占全球总额比重的1%。考虑到中国目前是炼铝原料的最大进口国，也表明目前中国国内拥有巨大的原铝生产能力。

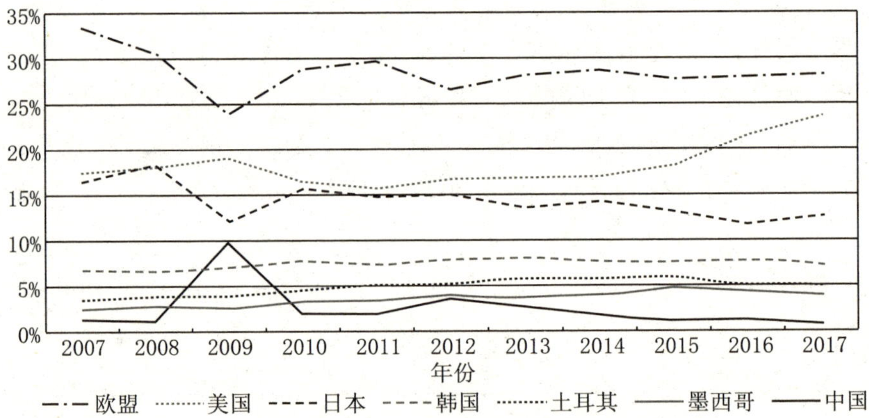

资料来源：根据Global Trade Atlas数据库各国/地区贸易数据计算。

图A2.5　全球原铝主要进口国家/地区份额

原铝是此次美国“232调查”涉及铝产品中最重要的产品，2017年占涉案产品进口额的61.2%，金额为106.4亿美元，其中净进口94.8亿美元。由于原铝生产是能源密集型产业，因而世界上排名靠前的原铝生产国都是能源成本相对较低的国家(例如加拿大、俄罗斯、阿联酋和巴林，但中国除外)。

如图A2.6所示，在全球原铝的出口方面，主要出口国为加拿大、俄罗斯、印度、挪威和澳大利亚，2017年合计占全球原铝出口的63.8%。其中，加拿大和俄罗斯一直是全球最主要的原铝出口国，且相对较为稳定，2017 年分别占全球出口的 19.5%和 16.9%。中国并不是全球原铝的主要出口国，近年来占全球出口的比重基本保持在 4%左右的水平。

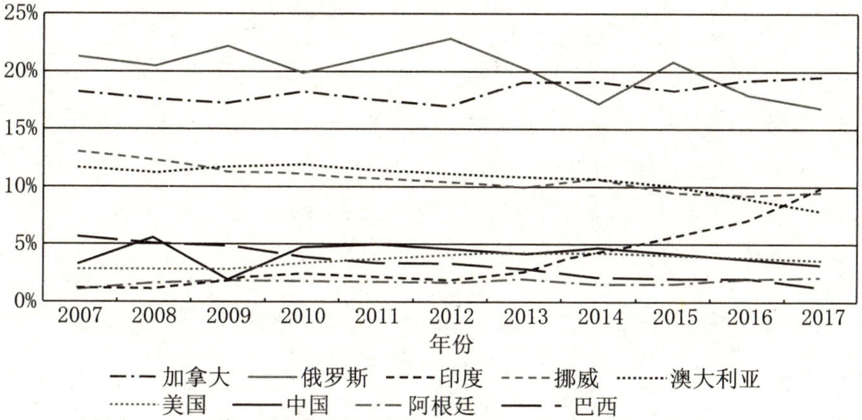

资料来源：根据 Global Trade Atlas 数据库各国/地区贸易数据计算。

图 A2.6　全球原铝主要出口国家/地区份额

美国原铝进口有一半来自加拿大，2017 年的份额达到 51%。其次是俄罗斯和阿联酋，分别占美国 2017 年原铝进口总额的 13.5%和 13%，中国在其中所占份额不到 1%，因此中国原铝出口对美国的影响非常有限。

③ 铝半成品。

如图 A2.7 所示，欧盟、美国、墨西哥、中国和加拿大是全球铝半成品的主要进口国家，占 2017 年全球原铝进口金额的 59%。其中，美国铝半成品的进口在

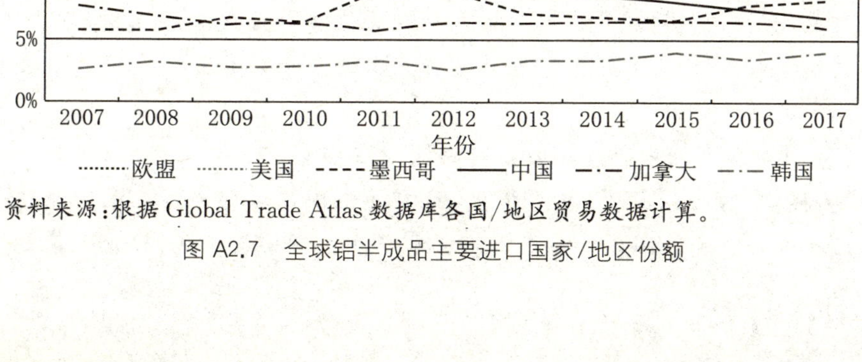

资料来源：根据 Global Trade Atlas 数据库各国/地区贸易数据计算。

图 A2.7　全球铝半成品主要进口国家/地区份额

全球所占份额在 2007 年至 2011 年出现下跌，由 18.2%下降到 13.2%，但此后快速上升，2017 年回升至 18.2%，进口额为 65.1 亿美元。这说明美国国内铝半成品市场近年受国际市场进口影响较大。

如图 A2.8 所示，全球主要铝半成品出口国家/地区为中国、欧盟和美国，2017 年合计占全球铝半成品出口总额的 61.5%。其中，中国自 2010 年起就成为全球最大的铝半成品出口国，且出口规模持续扩大，由 2007 年的 59.3 亿美元上升至 2017 年的 120 亿美元，在全球铝半成品出口中的份额也从 17.3%增加至 30.6%。2007 年至 2017 年间，欧盟在全球铝半成品出口中的份额略有下降，由 20.3%降至 16.6%，而美国则在 15%的水平上下波动，2017 年为 14.3%。

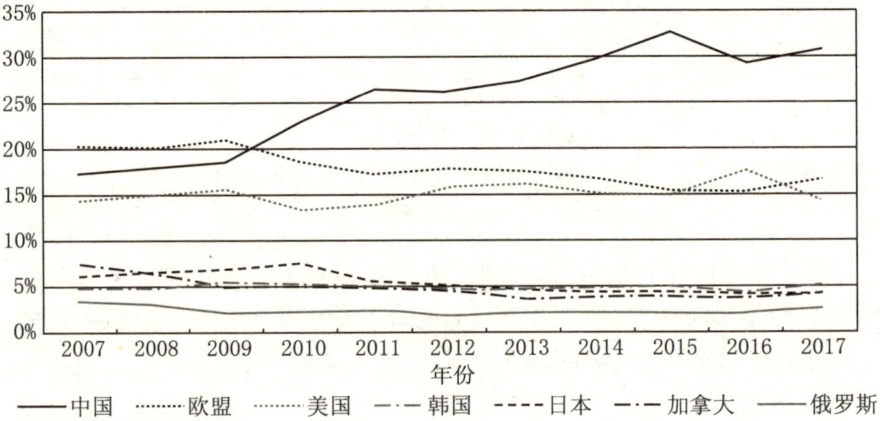

资料来源：根据 Global Trade Atlas 数据库各国/地区贸易数据计算。

图 A2.8　全球铝半成品主要出口国家/地区份额

中国、欧盟、加拿大是美国铝半成品的主要进口来源地。其中，中国在美国进口中所占份额近年来增长明显，尤其是 2012 年后增长快速，并于 2015 年起成为美国铝半成品的最大进口来源地，十年间在美国市场中的份额由 12.8%上升到 26.6%。反观欧盟和加拿大，在 2007 年至 2017 年间，加拿大在美国铝半成品中所占份额由 42.1%减少至 23.4%，欧盟也由 21%减少至 16.1%。

目前，美国国内对铝半成品的需求已越来越依赖于进口。而中国作为全球最大的铝半成品出口国，近年来在美国进口市场中份额快速扩张，已成为美国最大的铝半成品进口来源地。

(3) 从全球铝产业供应链贸易看美国“232 调查”

美国发布的“232 调查”报告强调，目前美国国内对铝半成品的需求已越来越依赖于进口。美国国内的原铝产能在进口冲击下持续下降，目前仅有的 5 家冶炼厂中,仅有2家全产能运行,5家不足产能运行,其中仅有一家可以生产高纯度铝(国防部用铝制品),因此威胁到了国家安全。

此次美国所谓的"保护国内铝产业"实际上是指要保护国内铝产业链中游的安全性和完整性,其既包括原铝的生产,也包括部分铝半成品之生产。由于中国目前是美国部分被调查铝半成品之最主要进口来源地,因此也被纳入此次调查的范围。

资料来源:上海WTO事务咨询中心

2.2.5 构建开放型经济新体制综合试点试验不断获得新成效

为了贯彻落实《中共中央国务院关于构建开放型经济新体制的若干意见》(中发[2015]13号),中国政府2017年在济南市、浦东新区等12个地区开展构建开放型经济新体制综合试点试验。12个试点地区在形成市场配置资源新机制、探索经济运行管理新模式、构建全方位开放新格局、培育国际合作竞争新优势等方面进行了形式多样的探索,不断形成各具特色的好经验好做法,有力地支持了地区经济发展和开放型经济水平提升。

一是体制机制创新有序推进。各试点地区在简政放权、改善营商环境、加强事中事后监管、提升政府服务等方面进行了多领域、多维度的探索,体制机制创新多点推进。浦东新区推出事中事后监管体系"六个双"模式,济南市创新加工贸易核销管理模式,南昌市建立产业发展五大机制,防城港推出六大改革推进沿边开放,武汉城市圈15个审批职能部门实现"一套数据"共享等。

二是开放型经济水平稳步提升。各试点地区多措并举,加快建立起质量效益导向型的外贸促进体系,推进形成国际投资合作新方式,外贸取得了较快增长,外商投资实现了稳中有进的目标,对外投资保持了健康有序发展的势头。2017年,防城港市进出口同比增长32.4%,浦东新区、南昌市外贸出口也实现了两位数增长;西咸新区实际利用外资同比增长了84.1%。在规模和水平扩大的同时,各试点地区开放型经济的和结构也在不断优化,质量、效益不断提升。两江新区延伸加工贸易产业链条,推动生产制造环节向物流中心、维修中心、结算中心等高端环节延伸;苏州工业园区积极推动传统外贸企业转型升级,出台鼓励人工智能产业发展、提升企业研发能力的实施意见等。

三是开放发展布局逐步优化。各试点地区充分发挥自身优势,主动对接"一带一路"建设、京津冀协同发展、长江经济带等国家战略,形成各具特色的开放高地。浦东新区凭借对外开放前沿优势,加快对接国际经贸规则和标准,在"证照分离"、金融开放创新等方面取得一系列新成果。漳州市加快推进"台湾青年创业基地”发展,鼓励台湾青年来大陆创业就业;东莞市推动内地与港澳经贸合作模式创新,摸索出“便捷登记、审批提速和协同监管”三位一体的服务体系,为港澳资本投资提供无障碍服务;大连金普新区聚焦建设东北亚国际航运中心、物流中心,积极建立面向日韩、辐射东北的现代化园区综合服务复合体;西咸新区立足向西开放桥头堡,依托特色文化产业,推动文化产业国际合作,取得明显成效。

四是合力改革探索不断增强。各相关部门和各试点地区横向协作、纵向联动,共同推进各项试点任务。从中央层面看,五部委联合发文,出台了支持试点探索的 13 项政策。从省级层面看,各地区相关部门密切协作,不断加大对综合试点的支持力度。河北省商务部门联合相关部门,印发了落实相关支持政策的具体办法。各试点地区也积极作为,主动和相关部门对接,形成了共同推进改革探索的合力。漳州市主动和省级部门对接,梳理了需要省级部门和中央部委支持的事项,取得了一批政策突破。

2.3　推进构建人类命运共同体,形成全面开放新格局

2017 年底,党的十九大报告为今后很长一段时期内中国的对外开放新战略勾画出一个明确的框架。在“坚持和平发展道路,推动构建人类命运共同体”这一处理新型国际关系的总体指导思想之下,十九大报告根据当前中国特色社会主义进入新时代,以及经济全球化发展进入重大转折阶段的基本特征,明确提出了贯彻新发展理念,建设现代化经济体系的发展战略方向,并在对外开放工作领域制定了推动形成全面开放新格局的大方向。

2.3.1　构建人类命运共同体:新时代中国对外开放工作指导思想的新发展

(1) 国家确立构建人类命运共同体为大国对外关系的战略目标

党的十九大明确了新时代中国特色大国对外关系的战略目标,就是要构建人类命运共同体。面对历史性机遇和挑战,习近平总书记对人类命运和国际大势的走向进行了深入的思考。他指出:“世界怎么了、我们怎么办? 这是整个世界都在思考的问题,也是我一直在思考的问题。”①事实上,习近平总书记于 2013 年

① 习近平:《共同构建人类命运共同体》(2017 年 1 月 18 日),载《习近平谈治国理政》第 2 卷,第 537 页。

提出要建构“人类命运共同体”后,在不同场合对构建人类命运共同体进行了多次重要阐述,逐步形成了科学完整、内涵丰富、意义深远的思想体系,同时又把人类命运共同体提升至中国特色大国外交战略目标的高度进行深化和细化。

2015 年 9 月 28 日,习近平主席在第七十届联合国大会的讲话中,公开和全面阐述了人类命运共同体的基本内涵,即建立平等相待、互商互谅的伙伴关系;营造公道正义、共建共享的安全格局;谋求开放创新、包容互惠的发展前景;促进和而不同、兼收并蓄的文明交流;构筑尊崇自然、绿色发展的生态体系。①2017 年 1 月 18 日,习近平主席在联合国日内瓦总部发表的主旨演讲中指出:构建人类命运共同体,关键在行动。国际社会要从伙伴关系、安全格局、经济发展、文明交流、生态建设等方面作出努力。②在党的十九大报告中,习近平总书记再次提出:“各国人民同心协力,构建人类命运共同体,建设持久和平、普遍安全、共同繁荣、开放包容、清洁美丽的世界。”人类命运共同体理念提出后,目前已经得到越来越多的国际认同,联合国机构多次将其载入正式文件,许多国家的政府和社会舆论也以不同形式予以认同和支持。

人类命运共同体理念体现了超越狭隘民族国家利益、国家间关系和意识形态的全球观和世界眼光,是一份思考人类未来的中国方略。作为国际社会为之共同奋斗的理想,人类命运共同体不是抽象的、缥缈的,而是现实的、具体的,是可以分步渐进实现的目标。③可以预见,随着形势和任务的发展,人类命运共同体作为中国大国对外关系的战略目标还会继续丰富、发展和升华。

(2) 人类命运共同体要求探索构建新型国际关系

如果说人类命运共同体是中国特色大国对外关系在新时代追求的战略目标,那么加快构建新型国际关系就是实现人类命运共同体极其重要的前提保障。回顾历史,在近代、现代和当代国际关系中,许多西方大国信奉弱肉强食、丛林法则、穷兵黩武、强权独霸、赢者通吃、零和博弈等原则。习近平总书记对于国际体系和国际秩序中的不公正性和不合理性多次进行了旗帜鲜明的批判,并且公开亮出中国的主张。习近平总书记曾指出:“弱肉强食、丛林法则不是人类共存之道。穷兵黩武、强权独霸不是人类和平之策。赢者通吃、零和博弈不是人类发展之路。”④党的十九大强调要“推动建设相互尊重、公平正义、合作共赢的新型国

---

① 习近平:《携手构建合作共赢新伙伴,同心打造人类命运共同体》(2015 年 9 月 28 日),载《习近平谈治国理政》第 2 卷,第 523—525 页。

② 习近平:《共同构建人类命运共同体》(2017 年 1 月 18 日),载《习近平谈治国理政》第 2 卷,第 541 页。

③ 具体参见杨洁勉:《新时代中国外交的战略思维和谋划》,《外交评论》2018 年第 1 期。

④ 习近平:《铭记历史,开创未来》(2015 年 5 月 7 日),《人民日报》2015 年 5 月 8 日,第 1 版。

际关系”。相互尊重是世界各国平等互信的基础，公平正义是中国历来坚持的原则，而合作共赢则是在当前条件下应该为之努力并且可望实现的目标。

在如何推进新型国际关系建设方面，党的十九大报告提出了三大战略思路。一是积极发展全球伙伴关系。主要是构建总体稳定、均衡发展的大国关系框架，深化同周边国家关系，加强同发展中国家团结合作。二是坚持对外开放的基本国策。主要是打造以“一带一路”为代表的国际合作新平台，加大对发展中国家特别是最不发达国家援助力度，推动建设开放型世界经济。三是秉持共商共建共享的全球治理观。继续发挥中国负责任大国作用，支持联合国发挥积极作用，支持扩大发展中国家在国际事务中的代表性和发言权。①上述战略决策也将对发展新时代中国特色社会主义对外开放理论具有较高的指导意义。

（3）构建人类命运共同体为发展新时代中国特色社会主义对外开放理论指明了新方向

党的十九大报告对当前世界经济的总体判断、格局演变、中国方略，均提出了新思想、新理论和新战略。这是习近平新时代中国特色社会主义思想的重要组成部分，也是马克思主义政治经济学在当代国际经济领域的新发展。

党的十九大报告认为，和平与发展仍然是当今世界的主题，经济全球化是生产力发展和科技进步的必然结果，是不以人们意志为转移的客观规律。目前世界经济出现一些问题，很多不是全球化本身带来的，而是全球经济治理体系出了问题。对此，党的十九大报告也指出了应对的“中国方案”，即“坚持推动构建人类命运共同体，始终做全球发展的贡献者，国际秩序的维护者，推动全球化朝着更加开放、包容、普惠、平衡、共赢的方向发展”。这一论述有诸多理论创新，对目前发展新时代中国特色社会主义对外开放理论指明了新方向。

首先，中国是经济全球化的受益者，将不断提高开放型经济水平。中国开放发展 40 年的经验表明，中国始终坚持开放发展的理念，坚持走合乎世界潮流、符合本国实际的开放道路，把对外开放与建立现代产业体系结合起来，在融入全球化过程中获得了巨大的发展利益。

党的十九大报告不但总体上肯定了中国是全球化的受益者，而且再三强调：“开放带来进步，封闭导致落后。”中国已向世界表明，开放的大门永远不会关上，中国将在更大范围、更宽领域、更深层次上提高开放型经济水平。

其次，中国要做国际秩序的维护者，积极推动全球经贸治理的完善。实践中，现有的全球经济治理体系是第二次世界大战后在美国等西方国家主导下建

① 具体参见杨洁勉：《新时代中国外交的战略思维和谋划》，《外交评论》2018 年第 1 期。

立起来的。依托世界银行、国际货币基金组织、世界贸易组织等国际组织和机构建立的全球经济治理机制和体系,对战后促进国际贸易、国际投资和世界经济的繁荣发展,起到了重要推动作用。

然而,伴随着经济全球化深度演进、全球经济失衡问题加重、新兴经济体崛起、收入分配差距扩大等,现行全球经济治理的局限性日益显现,在维护全球经济秩序的功能方面表现出严重不足。因此,现有全球经济治理体系具有两重性:一方面,既有制度提供了经济全球化所必须的规则和秩序,具有促进社会生产力向全球化发展的积极作用;另一方面,这些规则和秩序主要是在发达资本主义国家主导下制定的,主要维护的是垄断资本和跨国公司的利益,未能充分提供全球经济运行的公共产品,尤其是经济全球化深入发展对公共产品所产生的新需求。由此导致的后果是,伴随当前经济全球化迅猛发展,不仅导致南北发展差距拉大,发达国家劳动者也未能获益,这是资本主义基本矛盾在世界范围发展的必然反映和结果。

党的十九大报告倡导推动构建人类命运共同体,秉持共商共建共享的全球治理观,推动全球治理理论的创新;提出了建设"一带一路"倡议,为全球发展提供公共产品,从实践上推动全球化朝着更加开放、包容、普惠、平衡、共赢的方向发展。

最后,中国未来将积极参与经济全球化进程,构建人类命运共同体。经济全球化是社会生产力发展和科技进步的必然要求和结果。世界经济发展的历史经验表明,开放带来进步,封闭导致落后。但是,在发达资本主义国家主导的国际经济体系中,后进国家如何做到与资本主义强国"互利共赢",社会主义中国如何应对世界经济格局发生重大变化以后出现的新情况新问题,这些既是重大的理论问题,也是重大的实践问题。习近平主席提出的"人类命运共同体"理论,从马克思主义历史唯物主义和辩证唯物主义的角度回答了经济全球化向何处去、中国应该在其中起什么作用的大问题,体现了中国作为社会主义大国的担当,丰富和发展了马克思主义政治经济学关于国际经济的理论。

构建人类命运共同体,就是让各国都能平等参与其中,让各国经济更加平衡、协调、联动地发展,各种文明相互尊重、融合,消除由于发展水平、意识形态、制度差异、国家实力不同而产生的不平等、不公正、不公平现象,通过共同发展、共享发展让普通百姓有更多、更广的参与感、获得感和幸福感。这是经济全球化发展到现阶段后的内在需求,反映的是对全球经济治理规律的正确认识,也是我党对马克思主义政治经济学关于国际经济理论重要的理论贡献。

2.3.2　贯彻新发展理念因应全球发展新趋势：新时期中国对外开放战略的新目标

“人类命运共同体”思想以开放为导向，以合作为动力，以共享为目标，遵循“共商共建共享”的基本原则，对现有全球经济治理贡献了先进理念、中国智慧和中国方案。由此，党的十九大报告也强调，“开放带来进步，封闭必然落后。中国开放的大门不会关闭，只会越开越大”。遵照上述思想原则精神，针对世界经济演变新趋势，根据当前中国贯彻新发展理念，建设现代化经济体系之现状，也需要明确新时期中国对外开放战略的新目标。

党的十九大报告提出，我国经济已由高速增长阶段转向高质量发展阶段，正处在转变发展方式、优化经济结构、转换增长动力的攻关期，建设现代化经济体系是跨越关口的迫切要求和我国发展的战略目标。十九大报告强调，要贯彻新发展理念，建设现代化经济体系，着力构建市场机制有效、微观主体有活力、宏观调控有度的经济体制，不断增强我国经济创新力和竞争力。这是针对我国经济发展内外部环境和条件新变化、经济结构存在的突出矛盾和问题、经济发展质量和效益整体偏低、国际竞争能力有待进一步提高等提出的战略新举措，也对当前全面推进对外开放工作具有重要的战略指导意义。

（1）积极应对经济全球化“再平衡”新挑战，深化供给侧结构性改革，完善社会主义市场经济体制建设

党的十九大报告中对供给侧结构性改革做出了全新解读，在坚持推进“三去一降一补”的同时，新的改革通过“加法”为经济发展注入新活力。首先是提出要加快建设制造强国，加快发展先进制造业，推进互联网、大数据、人工智能和实体经济深度融合等。其次是推进传统产业优化升级和转型，加快发展现代服务业。利用互联网、信息技术等改造、升级传统产业，创新发展传统产业；提升制造业服务化水平，推进制造业向价值链高端发展；扩大服务业对外开放，瞄准国际标准，提升服务业竞争力水平。第三是加强九大基础设施网络建设，为经济社会发展提供坚实基础和重要支撑。除此之外，新的供给侧结构性改革构想较以往的超越之处还在于强调了“人”的力量，这是中国经济发展“以人为本”终极目标的集中体现。

此外，党的十九大报告还提出要完善社会主义市场经济体制，发挥市场在资源配置中的决定性作用，提出“经济体制改革必须以完善产权制度和要素市场化配置为重点，实现产权有效激励、要素自由流动、价格反应灵活、竞争公平有序、企业优胜劣汰”。完善产权制度要全面布局，对产权的界定、配置、交易及保护形成全方位的规范治理。而在要素配置方面，中国的一般商品市场化程度已经处于较高水平，但土地、劳动力、金融资本、技术等生产投入要素的市场配置情况还有待改善，必须破除这些要素交换的行政壁垒，谨防市场垄断和政府垄断阻碍市场正常运行的情况发生。另外，根据世界银行发布的2017年营商环境报告，中国营商环境排名190个受评国家的78位，处在中上游位置，但在企业审批组建、产权保护、税收等软环境方面中国的排名都在100名之后，改善空间很大。

从经济全球化的视角来看，我国加快深化供给侧结构性改革的目标就是要实现价值链升级。而当前经济全球化的“再平衡”过程实际上就是参与经济全球化进程的各国在全球价值链增加值位置的重新调整过程。就发达经济体来说，这一“再平衡”过程就是其占优势地位的全球价值链创新增值环节往下向制造工厂端增值环节渗透，并通过这种渗透，吸引制造工厂端向发达经济体“回归”，解决长期存在的巨额贸易逆差和蓝领工人就业流失困境的过程。而就新兴经济体来说，这一“再平衡”过程就是其占优势地位的全球价值链制造工厂端增值环节往上向创新增值端提升，并通过这种提升，逐步解决劳动力成本上升、生态环境压力增加、收入差距扩大等结构性问题。在全球经济“再平衡”的过程中，全球价值链的生产布局、贸易流量分布等都会发生一系列的变化，从而形成新的经济全球化发展格局。

由此，在我国不断深化供给侧结构性改革的过程中，如何通过实施对外开放新战略，加快建设制造强国，加快发展先进制造业，推动互联网、大数据、人工智能和实体经济深度融合；如何在中高端消费、创新引领、绿色低碳、共享经济、现代供应链、人力资源服务等领域培育新增长点，形成新动能；如何支持传统产业优化升级，加快发展现代服务业；如何重点建设“一带一路”，开拓全球价值链生产和贸易布局的新空间等，都是需要解决的问题。党的十九大报告也提出，要“创新对外投资方式，促进国际产能合作，形成面向全球的贸易、投融资、生产、服务网络，加快培育国际经济合作和竞争新优势”。

在当前全球“再平衡”过程中，中国与主要贸易伙伴国间制度政策上的差异也正成为彼此发生贸易摩擦的深层次原因。例如，中美近期爆发的基于知识产权下的贸易争端等。为此，当前国家完善社会主义市场经济体制也必须从构建人类命运共同体的角度出发，重视与主要经贸伙伴国之间的制度兼容性，重视对标国际更高标准，对内对外共同实现产权有效激励、生产要素自由流动、价格反应灵敏、竞争公平有序、企业优势劣汰等，进而在制度层面保证全球“再平衡”过程的顺利实现。为此，党的十九大报告也提出，要“实行高水平的贸易和投资自由化便利化政策，全面实行准入前国民待遇加负面清单管理制度，大幅度放宽市场准入，扩大服务业对外开放，保护外商投资合法权益。凡是在我国境内注册的企业，都要一视同仁、平等对待”。

(2) 加快适应全球价值链革命进入创新全球化新阶段，推动创新型国家建设

党的十九大报告强调，创新是引领发展的第一动力，是建设现代化经济体系的战略支撑。实施创新驱动发展战略，第一要瞄准世界科技前沿，强化基础研究，实现前瞻性基础研究、引领性原创成果重大突破。近些年来，中国大力实施创新驱动战略，创新型国家建设硕果累累，一大批重大科技成果相继问世。总的来看，中国在集成创新领域具备了明显的比较优势，已经接近甚至处在国际前沿，但是，基础环节的创造性仍明显落后于一些发达国家。第二要加强应用基础研究，拓展实施国家重大科技项目。除了要支持自由探索的基础研究外，还要以需求为导向，为国家发展需要提供基础研究和支持保障。第三要深化科技体制改革，建立以企业为主体、市场为导向、产学研深度融合的技术创新体系。根据世界知识产权委员会所公布的全球创新指数对 141 个国家创新能力的打分情况看，中国整体创新能力排名 22 位，已跃升至全球较高水平。但在市场环境、法律规范等代表的制度指标方面，仅排名第 78 位，不但逊色于发达国家，甚至不如很多新兴市场国家。

进入 21 世纪以来，以 ICT 为代表的科技革命取得了突破性的进展。这一突破性的进展集中表现在：ICT 技术开始从互联网通讯领域向制造和服务领域以云计算、大数据、人工智能等方式大规模渗透。这种技术渗透为创新活动提供了巨大的空间，并沿着全球价值链迅速向全球溢出，推动全球价值链革命进入创新全球化的新阶段。创新全球化的发展趋势表明，当前经济全球化正在进入新的发展轨道，正以一种全新的、我们不熟悉的途径和方式推进，那种把前一阶段经济全球化的“再调整”现象简单地解读为“反全球化”或“逆全球化”本质是一种重大的误解。

我们认为，从最近的发展趋势来看，以美国为首的发达经济体争取创新全球化主导权的努力不但没有减弱，而且还在不断加强。例如，美国以反对强制性技术转让为名，对中国启动“301 调查”，美国和欧盟都出现了强化外资安全审查力度的趋势，美欧日在 WTO 阿根廷布宜诺斯艾利斯部长级会议上正式发起电子商务自由化的志同道合者诸边谈判等。

为了迎接新一轮的产业和科技革命，党的十九大报告提出了“加快建设创新型国家”的要求。在我国建设创新型国家的过程中，必须厘清建设创新型国家与创新全球化之间的关系，以及创新全球化的载体、路径和形态。特别是，如何通过实施对外开放新战略，迎接和融入创新全球化的浪潮，是我国建设创新型国家必须面对的现实。党的十九大报告明确提出,要"拓展对外贸易,培育贸易新业态新模式,推进贸易强国建设"。

(3) 正确把握全球经贸规则重构趋势推动形成全面开放新格局,协调区域平衡发展,支持乡村振兴战略

当代经济全球化发展进入"再平衡"和创新全球化阶段必然给全球贸易和投资规则体系带来巨大的调整压力。以美国退出 TPP 谈判为标志,当前的全球贸易投资规则调整的性质已经越出了所谓的"WTO+"的范围。这种规则调整的新趋势集中表现在以美国主导的各类区域、双边、诸边的贸易谈判中,如 TPP、TTIP、Tsai、NAFTA(重新谈判)等。涉及的范围包括商业数据自由流动、计数机位置限制、隐私保护、互联网中立、数字贸易自由化等 WTO 多边贸易体制尚未涉及的所谓 21 世纪新议题。此外,当前全球贸易投资规则发展的另一个重大趋势是,以美国为代表的发达经济体要求对以 WTO 为代表的全球多边贸易体制进行根本性的重构,着力解决他们所谓的"公平贸易"问题。

由此,在今后很长的一段时期内,在全球贸易投资规则重构的过程中,中国与西方发达经济体在经济制度、发展模式、发展理念等方面的冲突将不可避免,相较于前 20 年,我国所处的国际贸易投资环境总体上将趋于严峻。为了应对这一充满了不确定性的经济全球化发展新趋势,我国通过构建全面对外开放新格局,提升我国在全球价值链中的主导权和全球贸易投资规则重构中的话语权已经成为当务之急。党的十九大报告要求,要以"一带一路"建设为重点,坚持引进来和走出去并重,遵循共商共建共享原则,加强创新能力开放合作,形成陆海内外联动、东西双向互济的开放格局。

此外,随着中国特色社会主义进入了新时代,我国社会主要矛盾已经转化为人民日益增长的美好生活需要和不平衡不充分的发展之间的矛盾。而城乡之间、区域之间的发展失衡是制约国民经济稳定协调发展的重要因素。

首先,构建协调平衡的经济体系,全面建成小康社会,补齐乡村短板是重点。党的十九大报告中不止一次地提到"乡村振兴战略",按照时代的发展进一步丰富了社会主义新农村建设的内涵。振兴农村,既对农村经济、文化发展提出了新的要求,又涵盖了乡村治理和生态文明的进步。要在保证粮食安全的基础之上,推进农业产业现代化,为农民创造更多的就业机会。这些战略目标也将对我国下一步在对外开放工作中构建国际经济安全政策体系等提出了更高要求。

其次,区域协调发展是指导中国地区经济发展的基本方略,也是建设现代化经济体系的重要目标。过去 5 年中,中国的城乡区域协调发展成效显著,新型城镇化道路朝着以人为本的方向不断前进;全球范围内的"一带一路"建设、区域领域的京津冀协同发展、长江经济带建设取得了喜人的成绩；生态文明建设，主体功能区制度和国家公园体制不断建立健全。但整体来看，“城乡区域发展和收入分配差距依然较大”。不同区域之间在发展速度上差距已经不明显，东部地区城乡协调一体化发展格局基本形成，但中西部地区经济基础较为薄弱，城乡发展差距明显，尤其是中西部农村是目前中国贫困人口最为集中的区域，发展短板突出，需要瞄准关键问题发力，逐一克服。为此，未来国家对外开放战略也要求与区域发展战略对接，优化区域开放布局，加大西部开放和开发的力度。为此，党的十九大报告也提出，要“优化区域开放布局，加大西部开放力度。赋予自由贸易试验区更大改革自主权，探索建设自由贸易港”等。

3. 贸易运行指数:2017年特征与2018年展望

为了客观反映历年中国对外贸易的运行状况与特征,2018年中国贸易运行监控报告在往年中国贸易运行指数的基础上继续正式对外发布中国贸易运行指数。在整个贸易指数体系中,贸易环境指数被用来反映中国贸易运行所面临的外部环境态势,体现中国所面对的全球贸易发展的环境变动情况;贸易发展指数主要反映中国进出口商品的总量与结构的变动情况,体现中国外贸发展在世界上的相对水平;贸易效应指数主要反映贸易流量对国民经济的影响状况,体现开放经济条件下中国贸易发展对国民经济发展的效应。

3.1 2017年中国对外贸易运行特征

进入2017年,得益于国内良好的经济发展势头与国际总体宏观环境的回暖,中国对外贸易运行也呈现出比较显著的稳定回升态势。首先是贸易额2017年出现了明显的增长,与此对应,贸易增长指数与2016年相比有一定幅度的回升。其次,这也推动贸易发展指数较2016年呈现出明显的增长态势。总体而言,2017年是中国对外贸易形势在近几年来比较向好的一年。但也应该清醒地认识到:就国内而言,中国仍然处在"稳增长,调结构"的阶段,未来经济运行还有很大的不确定因素;就国际而言,未来的全球经济运行依然面临极大的潜在风险。结合上文分析我们也注意到,相关的国际机构对世界未来的经济运行基本上持乐观但是谨慎的态度,而且对未来可能面临的系统性风险和危机也已经有多次提及。

3.1.1 2017年贸易环境指数略有回升

图A3.1中的贸易环境指数走势表明,进入2017年,贸易环境指数与2016年相比继续呈现出了明显的回升态势。根据国际货币基金组织(IMF)、世界银行等国际机构的估计,虽然未来全球经济将进入缓慢复苏的阶段,但是世界经济依然存在较大运行风险,因此预计未来几年全球贸易环境出现波动的可能性比较大。

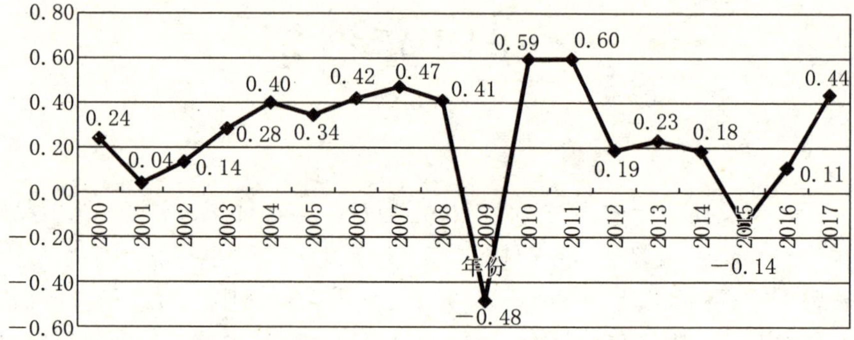

资料来源:上海 WTO 事务咨询中心:2017 年中国对外贸易运行指数(指数体系中,基年为 1999 年,该年份的指数设定为 0,下同)。

图 A3.1 贸易环境指数走势

继续考察贸易环境指数和中国贸易发展之间的关系,图 A3.2 分别给出了贸易环境指数和贸易发展指数增量①在 2000—2017 年的变化趋势。

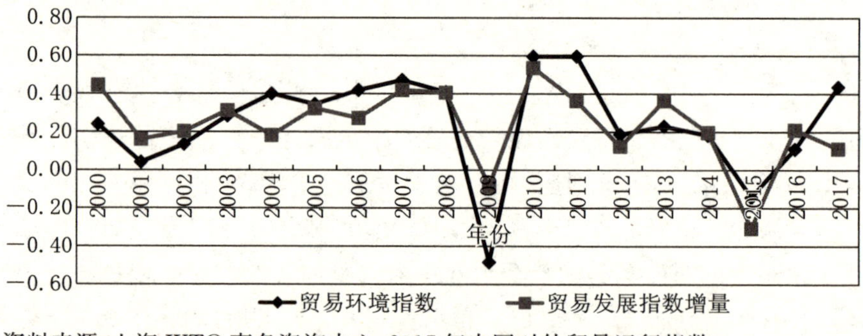

资料来源:上海 WTO 事务咨询中心:2017 年中国对外贸易运行指数。

图 A3.2 贸易环境指数和贸易发展指数增量走势比较

往年的贸易运行报告中我们反复提到,两个指标之间的运行除个别年份以外总体上呈现出比较明显的一致性,变化趋势上呈现出高度的吻合。按照以往的划分标准,我们继续将 2000 年以后中国贸易发展阶段划分为四个阶段。其中,第一阶段是 2004 年以前的震荡及回升阶段;第二阶段是 2004—2007 年的稳

① 贸易发展指数增量反映了中国各年份贸易发展指数的变化数量。

定发展阶段;第三个阶段是 2008—2010 年的国际金融危机及其后的快速恢复阶段;第四个阶段为 2010 年以后,为后国际金融危机时期发展阶段。该阶段由于全球贸易环境增长放缓,中国的贸易发展水平提升也处于一个比较低的水平,可以说该阶段主要的特征是中国的货物贸易发展往往受到全球贸易环境影响较大。2017 年指数的表现似乎跟往年有一些出入,但是我们并不认为这个规律被违背了。从贸易增长上来看,中国 2017 年的贸易还是出现了比较显著的增长态势,虽然贸易结构指数有小幅度的回落(后面的报告会对贸易结构进行比较详细的阐明),但是总体的贸易运行态势还是处于良好态势。

根据 IMF 估计,2017 年全球 GDP 增长率约 3.76%,明显高于 2016 年水平;另根据 WTO 贸易数据库显示,2017 年全球贸易总额约 35.8 万亿美元,较上年增长了约 10%(2016 年全球贸易额较 2015 年下降了约 3%)。从总体上来看,可以说全球经济与贸易都出现了复苏的态势,特别是一些新兴经济体经济发展情况摆脱了持续数年的衰退态势,均出现了一定程度的经济增长。发达经济体像美国、欧盟和日本的经济发展也略好于上年,全球经济发展出现了比较明显的回暖。

	2000年	2001年	2002年	2003年	2004年	2005年	2006年	2007年	2008年	2009年	2010年	2011年	2012年	2013年	2014年	2015年	2016年	2017年
全球贸易额增长率(%)	12.88	−4.07	4.92	16.77	21.57	13.94	15.42	15.62	15.25	−22.32	21.82	19.85	0.86	2.47	0.08	−12.9	−2.97	10.61
全球GDP增长率(%)	4.82	2.46	3.00	4.27	5.38	4.86	5.43	5.56	3.01	−0.15	5.38	4.27	3.52	3.47	3.58	3.45	3.23	3.76

资料来源:IMF, WTO 数据库。

图 A3.3　2000—2016 年全球 GDP 以及贸易额增长率

由图 A3.3 可见,贸易环境指数的总体走势反映了全球 GDP 增长以及全球贸易额波动的基本情况。全球经济在后国际金融危机时期总体表现低迷。进入 2017 年,经济运行的主要经济指标跟上年相比出现了比较明显的回升态势,全球贸易增长明显。此外,中国主要贸易伙伴国的贸易发展情况也呈现出了同样的态势,2017 年大部分国家的贸易情况均出现了比较明显的增长现象。

表 A3.1 历年中国主要贸易伙伴贸易进出口情况

单位:亿美元

年分	美国		欧盟(28 国)		日本		韩国		澳大利亚	
	进口	出口	进口	出口	进口	出口	进口	出口	进口	出口
1999	10 247.66	6 928.21	7 909.26	7 277.27	3 117.94	4 201.16	1 197.52	1 436.85	655.24	560.82
2000	12 168.88	7 804.19	9 128.65	7 825.59	3 795.44	4 790.74	1 604.81	1 722.68	676.87	637.32
2001	11 409.99	7 291.00	8 767.89	7 936.85	3 492.35	4 032.47	1 410.98	1 504.39	608.12	632.33
2002	11 613.66	6 931.03	8 858.80	8 396.23	3 379.57	4 171.65	1 521.26	1 624.71	695.30	649.96
2003	12 571.21	7 247.71	10 585.60	9 790.33	3 833.61	4 719.13	1 788.27	1 938.17	848.35	703.83
2004	14 697.04	8 148.75	12 777.67	11 764.53	4 556.61	5 661.91	2 244.63	2 538.45	1 036.86	864.06
2005	16 734.55	9 010.82	14 695.47	13 026.78	5 162.02	5 952.69	2 612.38	2 844.19	1 186.10	1 058.91
2006	18 539.38	10 259.67	17 198.10	14 494.70	5 787.83	6 464.41	3 093.83	3 254.65	1 327.78	1 234.78
2007	19 569.62	11 481.99	19 910.08	16 949.99	6 220.72	7 141.26	3 568.46	3 714.89	1 579.26	1 413.79
2008	21 036.41	12 874.42	23 349.91	19 272.36	7 624.88	7 819.52	4 352.75	4 220.07	1 908.68	1 865.05
2009	15 596.25	10 560.43	17 224.85	15 280.26	5 517.88	5 804.65	3 230.85	3 635.34	1 592.68	1 545.25
2010	19 138.57	12 784.95	20 264.99	17 924.58	6 942.97	7 700.46	4 252.12	4 663.84	1 939.44	2 128.71
2011	22 079.54	14 825.08	24 019.89	21 629.63	8 560.46	8 235.44	5 244.13	5 552.14	2 344.19	2 705.95
2012	22 762.67	15 458.21	23 107.54	21 654.55	8 858.38	7 984.47	5 195.84	5 478.70	2 504.55	2 564.88
2013	22 679.87	15 785.17	22 383.66	23 059.69	8 326.28	7 148.66	5 155.86	5 596.32	2 321.43	2 526.45
2014	23 563.66	16 211.72	22 486.31	22 604.36	8 129.54	6 908.24	5 255.15	5 726.65	2 274.81	2 399.92
2015	22 482.32	15 025.72	19 189.34	19 839.34	6 480.84	6 248.89	4 364.99	5 267.57	2 003.10	1 876.80
2016	21 891.83	14 537.21	18 898.55	19 309.12	6 077.28	6 450.52	4 061.93	4 954.26	1 892.52	1 912.05
2017	23 429.05	15 467.33	20 988.70	21 243.28	6 720.96	6 983.29	4 784.78	5 736.94	2 213.88	2 311.28

（续表）

年份	俄罗斯		印　度		南　非		土耳其		巴　西	
	进　口	出　口	进　口	出　口	进　口	出　口	进　口	出　口	进　口	出　口
1999	268.56	602.40	449.19	354.45	240.67	268.99	402.26	265.96	492.10	480.11
2000	297.57	877.49	505.77	422.99	269.16	300.58	538.71	274.74	558.34	550.86
2001	364.16	684.16	501.44	433.14	251.27	268.27	409.53	311.51	555.79	582.23
2002	407.54	754.84	567.71	492.99	262.05	270.31	509.80	351.42	472.32	603.62
2003	505.46	956.11	711.83	574.57	344.00	349.85	691.94	467.53	482.60	730.84
2004	681.25	1 369.26	973.13	756.31	476.53	459.73	972.64	632.97	627.82	964.75
2005	914.81	1 849.16	1 383.70	996.51	550.29	518.70	1 165.42	733.89	735.51	1 183.08
2006	1 281.51	2 265.24	1 728.76	1 212.59	681.57	578.98	1 397.79	856.02	913.96	1 374.70
2007	1 896.19	2 797.24	2 175.43	1 475.64	799.24	698.68	1 703.99	1 073.89	1 206.21	1 606.49
2008	2 555.74	3 675.73	3 214.10	1 950.70	910.59	802.08	2 017.09	1 319.59	1 731.97	1 979.42
2009	1 552.06	2 339.36	2 576.58	1 652.02	648.67	623.80	1 409.32	1 021.61	1 276.47	1 529.95
2010	2 114.39	3 485.28	3 507.83	2 229.22	802.12	813.11	1 837.53	1 129.35	1 816.49	2 019.15
2011	2 786.90	3 786.88	4 650.76	3 070.86	1 000.08	967.02	2 410.68	1 349.32	2 262.43	2 560.40
2012	2 904.32	3 525.37	4 904.13	2 972.61	1 015.58	872.64	2 365.70	1 524.84	2 231.49	2 425.80
2013	3 152.97	5 259.76	4 679.50	3 151.47	1 008.61	853.42	2 519.56	1 521.37	2 396.21	2 421.79
2014	2 870.63	4 973.59	4 613.63	3 217.40	998.74	911.20	2 417.34	1 574.90	2 291.54	2 251.01
2015	1 827.19	3 435.43	3 941.25	2 679.47	857.22	816.41	2 068.67	1 437.44	1 714.49	1 911.34
2016	1 822.62	2 854.91	3 606.51	2 623.53	751.12	766.89	1 985.25	1 424.95	1 375.52	1 852.35
2017	2 269.66	3 570.83	4 450.24	2 967.59	831.93	892.39	2 342.54	1 571.29	1 507.49	2 177.39

资料来源:美国 GTI 海关数据库,www.gtis.com/gta。

表 A3.2 中国主要贸易伙伴 GDP 增长率以及与中国贸易额增长率

单位:%

年份		美国	欧盟	日本	韩国	澳大利亚	俄罗斯	印度	南非	土耳其	巴西
2008	GDP 增长率	−0.34	0.56	−1.04	2.30	2.49	5.24	6.90	3.62	0.66	5.17
	贸易额增长率	9.21	15.63	15.58	17.70	26.08	32.77	41.46	14.34	20.12	31.95
2009	GDP 增长率	−3.07	−4.21	−5.53	0.32	1.37	−7.80	5.88	−1.54	−4.83	−0.33
	贸易额增长率	−22.87	−23.74	−26.69	−19.91	−16.85	−37.55	−18.13	−25.70	−27.15	−24.38
2010	GDP 增长率	2.39	2.05	4.53	6.32	2.51	4.30	10.09	2.89	9.16	7.53
	贸易额增长率	22.05	17.49	29.33	29.85	29.64	43.90	35.67	26.94	22.05	36.67
2011	GDP 增长率	1.81	1.59	−0.76	3.63	2.14	4.30	6.84	3.12	8.50	2.73
	贸易额增长率	15.60	19.53	14.70	21.09	24.14	17.40	34.59	21.78	26.73	25.74
2012	GDP 增长率	2.17	−0.30	2.22	2.69	3.31	3.70	4.86	2.59	2.97	1.47
	贸易额增长率	3.57	−1.94	0.28	−1.13	0.38	−2.19	2.01	−4.01	3.47	−3.43
2013	GDP 增长率	2.23	0.11	1.61	2.97	2.05	1.30	6.90	2.21	4.12	2.14
	贸易额增长率	0.64	1.52	−8.12	0.73	−4.37	30.84	−0.58	−1.39	3.87	3.45
2014	GDP 增长率	2.39	1.61	−0.06	3.31	2.71	0.62	7.17	1.53	2.90	0.14
	贸易额增长率	3.41	−0.78	−2.82	2.14	−3.57	−6.76	0.00	2.57	−1.20	−5.72
2015	GDP 增长率	2.59	2.32	0.54	2.61	2.44	−3.73	7.56	1.27	3.99	−3.85
	贸易额增长率	−5.70	−13.44	−15.35	−12.29	−17.00	−32.91	−15.46	−12.37	−12.18	−20.18
2016	GDP 增长率	1.49	2.06	0.94	2.83	2.65	−0.20	7.11	0.57	3.18	−3.47
	贸易额增长率	−2.88	−2.10	−1.59	−6.40	−1.94	−11.12	−5.90	−9.30	−2.74	−10.98
2017	GDP 增长率	2.27	2.65	1.71	3.09	2.27	1.55	6.74	1.32	7.05	0.98
	贸易额增长率	6.77	10.53	9.39	16.70	18.94	24.86	19.07	13.59	14.77	14.16

资料来源:作者整理。

由表 A3.1 可见,上述十个中国最主要的贸易伙伴,在 2017 年中,贸易的运行与 2016 年相比均有不俗的表现。无论是发达经济体还是新兴经济体进出口均出现明显的上升态势,新兴经济体如巴西、俄罗斯等国贸易由于结束了经济衰退有明显的增长。但是,各经济体的经济增长不均衡现象依然比较严重。美国经济增长较 2016 年有所回升。

这一点印证了 2016 年贸易运行报告对美国经济的预测:随着美国新总统就任以及随之推行的新经济政策,美国经济短期的增长均表现出乐观的态势,但是长期来看美国经济增长还是基本处于自然增长率。欧盟的经济表现也略好于去年,但是未来依然由于自身的政治问题会导致经济发展有很大的不确定性。日本经济表现同样也优于去年,但是长期来看,很多学者对日本未来经济持悲观态度。新兴经济体表现总体上来说是比较不错的,一些前几年一直处于经济衰退的国家在 2017 年呈现出了复苏的态势。以金砖国家成员国为例,印度经济仿佛还是没有走出“废钞令”阴影,虽然在 2017 年表现依旧十分强劲,经济增长约 6.7%,但是远没有达到很多人的预期。巴西与俄罗斯的经济则在 2017 年摆脱了衰退。往年的贸易运行报告中,我们曾经多次提到过由于过于依靠资源出口的新兴经济体受到大宗商品和原油价格下跌美国 QE 退出的影响,经济发展在过去几年中面临困境。而未来若干年,根据有关国际机构的预测,这些国家有望走出衰退周期,而进入缓慢发展和恢复的阶段,这一点在 2017 年开始得到验证。

3.1.2　2017 年中国贸易发展指数实现稳步增长

图 A3.4 是我们计算获得的历年中国贸易发展指数走势图。考虑到我们的贸易发展指数被设定衡量中国外贸发展比较其他经济体的相对水平,由图 A3.4 可见进入 2017 年后,贸易发展指数较去年稳步增长。

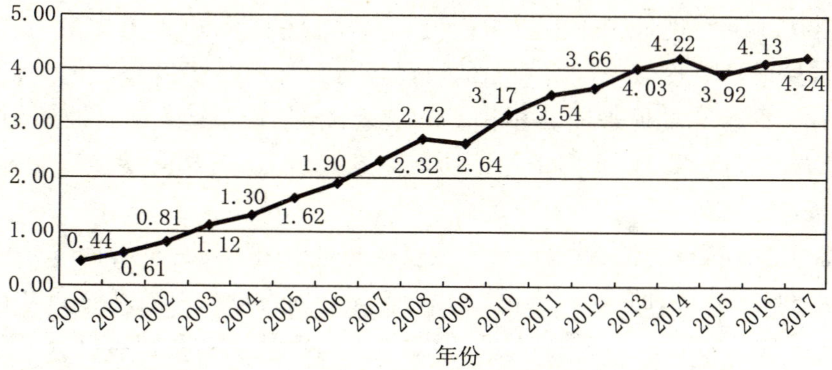

资料来源:上海 WTO 事务咨询中心,2017 年中国对外贸易运行指数。

图 A3.4　贸易发展指数走势

(1) 2017 年度进出口回升使得中国贸易增长结束了连续两年的下滑趋势

我们对贸易发展指数的进一步分析反映出，在我们计算贸易发展指数的两个子指数当中，贸易增长指数在 2017 年期间结束了持续两年的下滑态势，总体贸易态势向好。经过对贸易增长指数和中国贸易总额走势的比较表明，2017 年中国的贸易额增长总体情况与全球贸易的增长情况基本一致，同时相比美国、欧盟等其他较大经济体，中国贸易额在 2017 年表现也相对出色，所以总体的贸易增长情况出现了显著的回升。

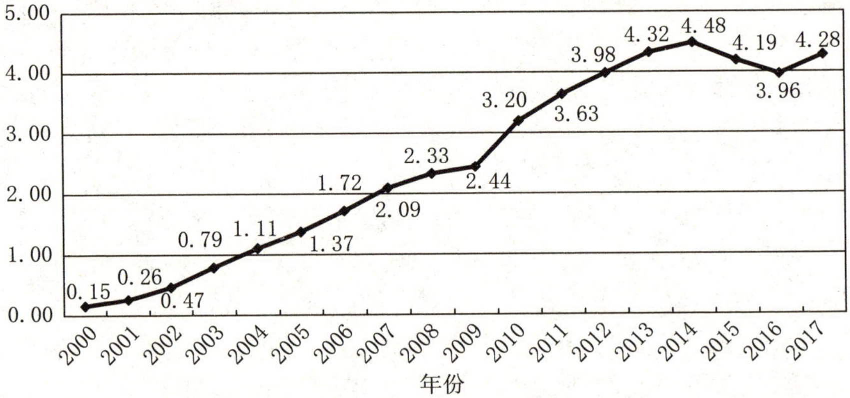

资料来源：上海 WTO 事务咨询中心，2017 年中国对外贸易运行指数。

图 A3.5　贸易增长指数走势

由图 A3.6 可见，在 2017 年，全球贸易量也结束了持续两年的下滑，呈现出了增长的态势，并且增幅明显。同时，中国的贸易额也有类似的表现。2017 年的贸易运行报告中我们曾提到，伴随中国入世红利的逐步消失，中国外贸的发展将从高速增长阶段转向稳定阶段，进入贸易发展的“新常态”。而 2017 年的贸易增长表现似乎说明中国的贸易运行已经跨越了低谷。但是仅仅从一年的贸易运行表现来断言中国的贸易是否进入一个稳定时期还为时尚早，考虑未来国际国内众多的经济影响因素，我们还是要持续关注未来中国贸易的表现。

需要再次强调的是，贸易增长指数反映的是中国贸易总量增长相对世界同期增长的相对水平，即当年中国的进出口总量相对世界其他国家的平均水平以及相对世界最大贸易经济体贸易量的水平(近几年来，世界进出口量最大的经济体是欧盟 28 国，但是在 2013 年，欧盟的进口额被美国超越)。因此，美国、欧盟国家的贸易进口水平也会影响中国的贸易增长指数。

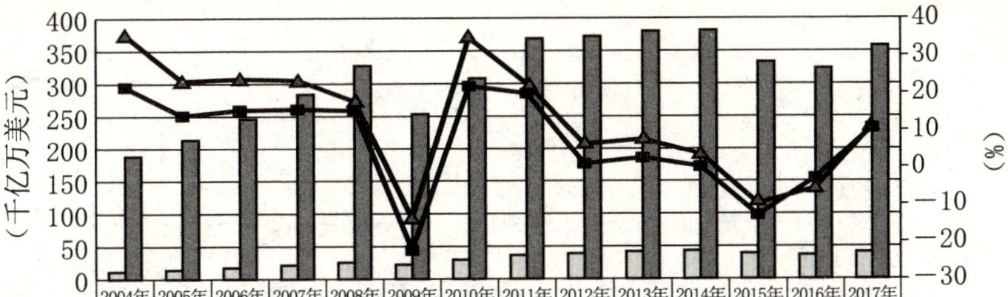

	2004年	2005年	2006年	2007年	2008年	2009年	2010年	2011年	2012年	2013年	2014年	2015年	2016年	2017年
中国贸易总量(千亿美元)	11.54	14.23	17.61	21.74	25.60	22.06	29.72	36.41	38.67	41.60	43.06	38.82	36.60	40.69
全球贸易总量(千亿美元)	187.9	213.8	245.9	283.5	327.3	253.4	308.1	368.4	372.0	379.6	380.8	332.8	323.1	357.5
中国贸易发展速度(%)	35.57	23.22	23.80	23.47	17.75	−13.84	34.74	22.49	6.23	7.56	3.52	−9.85	−5.73	11.18
全球贸易发展速度(%)	21.57	13.94	15.42	15.62	15.25	−22.30	21.82	19.85	0.86	2.47	0.08	−12.91	−2.97	10.61

资料来源:美国 GTI 海关数据库(www.gtis.com/gta)。

图 A3.6　中国以及全球贸易情况走势

表 A3.3 列出了合成贸易增长指数中几个子指标在近几年发展水平以及中国及欧盟的进出口总量。其中,中国进口额增长速度比较和中国出口额增长速度比较反映了中国贸易进出口总量增长相对于世界其他国家平均水平的领先程度,中国的这两个指标总体一直处于增长状态,可以认为中国近十年贸易总量增长水平相对于世界其他国家的平均水平而言发展迅速。2017 年情况与前两年相比还是有所变化,中国进出口额与其增长速度比较均有所回升,并且与发达经济体相比表现优异。可见,进口和出口的增速显著回升都是推动 2017 年中国贸易增长指数的重要因素。

表 A3.3　贸易增长指数子指标水平及中美欧进出口额比较

年　份	2007	2008	2009	2010	2011	2012	2013	2014	2015	2016	2017
中国出口额发展速度比较	4.1	4.91	4.31	5.73	7.14	7.77	8.91	9.63	9.7	9.01	9.50
中国进口额发展速度比较	4.11	4.96	4.82	6.86	9	9.3	10.83	10.91	8.67	8.19	9.82
中国出口总额比较	0.72	0.74	0.78	0.86	0.88	0.95	0.95	1.03	1.15	1.1	1.07
中国进口总额比较	0.49	0.49	0.6	0.67	0.73	0.79	0.86	0.83	0.71	0.69	0.76
中国出口总额(万亿美元)	1.22	1.43	1.2	1.55	1.9	2.05	2.21	2.34	2.28	2.14	2.28
欧盟出口总额(万亿美元)	1.7	1.93	1.53	1.8	2.17	2.17	2.31	2.27	1.98	1.93	2.12
美国出口总额(万亿美元)	1.15	1.29	1.06	1.28	1.48	1.55	1.58	1.62	1.5	1.45	1.55

（续表）

年　份	2007	2008	2009	2010	2011	2012	2013	2014	2015	2016	2017
中国进口总额（万亿美元）	0.96	1.13	1	1.37	1.74	1.82	1.94	1.96	1.6	1.52	1.79
欧盟进口总额（万亿美元）	1.97	2.3	1.67	2.03	2.39	2.3	2.24	2.23	1.91	1.89	2.1
美国进口总额（万亿美元）	1.96	2.1	1.56	1.91	2.21	2.28	2.27	2.35	2.24	2.19	2.34

中国出口总额比较和中国进口总额比较指标反映的是中国贸易进出口总量在世界中的排位（具体表现为当年中国进口和出口总量除以世界除中国以外最大贸易经济体的进口和出口总量，该经济体 2007 年以后为欧盟 28 国，但是在 2013 年欧盟进口额被美国超越），该指标在近十年来总体上呈现出上升的趋势。在 2017 年中国的出口额比较指标相比上年略有下降，但是进口总额比较指标出现了显著的回升。综合这四个方面的因素，由于在 2017 年中国经济增速相比前两年略有回升，同时全球经济和贸易环境回暖，这样扭转了中国总体的贸易增长指数持续两年的下跌趋势。

（2）2017 年中国对外贸易结构调整较小，总体表现平稳

根据我们以往多年对中国外贸结构的跟踪可以发现，中国的外贸走势一旦放缓或者下跌，贸易结构的调整问题便会凸显出来。这种情况在 2009 年、2012 年和 2015 年的中国外贸结构指数上都得到了印证。2016 年的贸易结构指数的运行出现了一个新的情况：贸易增长虽然出现了下跌，但是贸易结构却有所改

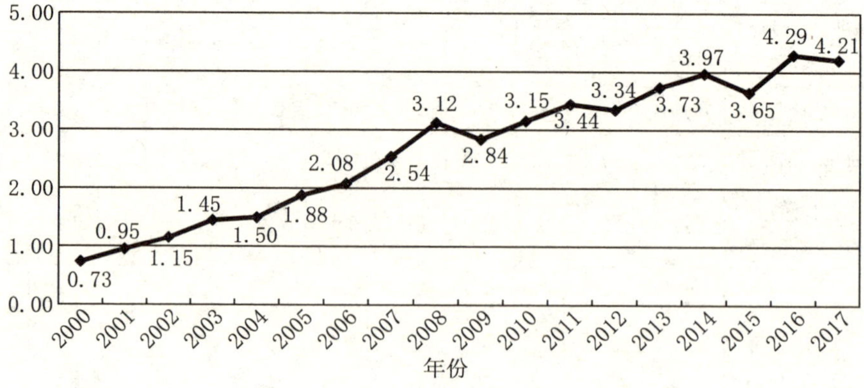

资料来源：上海 WTO 事务咨询中心：2017 年中国对外贸易运行指数。

图 A3.7　中国贸易结构指数

善。对此,我们曾经认为,这种变化似乎印证了中国的经济结构正在发生悄然的变化,但是这种判断还需要时间的印证。2017 年的中国贸易结构指数与 2016 年相比微跌,但是总体上处于比较稳定的态势。就中国贸易结构近十年的变化趋势来看,中国的贸易结构已经进入一个相对稳定时期。

下面我们对贸易结构指数开展进一步的分析。中国贸易结构指数的变动相对比较复杂,该指数包含了进出口商品结构指数和进出口市场结构指数 4 个子指数。在计算贸易结构指数的四个因素当中,进口商品结构的变动是影响 2017 年中国贸易结构指数调整的主要影响因素。

① 进出口商品结构双双回落,其中进口商品结构调整略大。

首先,在出口商品结构方面,我们的出口商品结构指数反映了中国出口商品结构的变化情况及其与发达国家之间的相似性。表 A3.4 列出了在海关 HS 编码下 98 章商品中几种主要代表性出口商品比例的变化情况。分别是第 61 章(针织或钩编的服装及衣着附件)和第 62 章(非针织或非钩编的服装及衣着附件),隶属海关编码中的第 11 类(纺织原料及纺织制品);第 84 章(核反应堆、锅炉、机械器具及零件)和第 85 章(电机、电气、音像设备及其零附件),构成了海关出口商品编码的第 16 类(机电、音像设备及其零件、附件);而第 87 章(车辆及其零附件,但铁道车辆除外)属于海关出口商品编码的第 17 类(车辆、航空器、船舶及运输设备)。

表 A3.4　中国主要出口商品结构变化　　单位:%

年份	第 61 章	第 62 章	第 84 章	第 85 章	第 87 章
1999	6.03	7.98	9.84	16.89	1.41
2000	5.39	7.57	10.76	18.48	1.82
2001	5.05	7.12	12.61	19.26	1.79
2002	4.91	6.32	15.62	20.01	1.78
2003	4.72	5.72	19.02	20.31	1.85
2004	4.35	4.88	19.92	21.85	1.99
2005	4.05	4.6	19.65	22.62	2.18
2006	4.63	4.51	19.26	23.47	2.31
2007	5.04	3.89	18.77	24.65	2.62
2008	4.24	3.67	18.81	23.94	2.75
2009	4.47	3.88	19.57	24.12	2.38

（续表）

年份	第 61 章	第 62 章	第 84 章	第 85 章	第 87 章
2010	4.23	3.44	19.64	24.64	2.43
2011	4.22	3.32	18.63	23.47	2.61
2012	4.25	2.99	18.34	23.78	2.69
2013	4.38	3.09	17.34	25.41	2.65
2014	3.93	3.48	17.11	24.38	2.74
2015	3.68	3.44	15.98	26.34	2.74
2016	3.55	3.45	16.20	26.22	2.84
2017	3.17	3.24	16.82	26.33	2.96
发达国家平均比例	0.35	0.53	18.79	14.88	11.97

资料来源：美国 GTI 海关数据库，www.gtis.com/gta。

从表 A3.4 中的数据变化可以看出，中国主要的商品出口集中在第 11 类和第 16 类，也就是纺织品以及机电类的出口；而发达国家的商品出口则主要集中在第 16 类和第 87 章，也就是机电类以及车辆。

中国纺织类（第 61 章和第 62 章）商品的出口在总出口额中的比例在 2017 年总体上延续了相对稳定下降的势头，第 61 章商品比重相比往年有所下降，为 3.17%。同时第 62 章商品比重也略有下跌。从目前来说该大类的商品出口已经开始慢慢退居中国出口商品中的次要部分，但是与发达国家在该商品部分的结构差异仍然十分明显。

中国机电类商品（第 84 章和第 85 章）是我国外贸出口主力军和拳头产品，同时也是我国进口的重要组成部分。但是从 2017 年的数据上来看，机电类商品占贸易商品比重总体上保持稳定并略有上升。该结构的变化也是造成中国出口结构指数稍稍变动的一个重要原因。

就第 87 章（车辆及其零附件，但铁道车辆除外）出口商品而言，2017 年中国该章节的出口商品比重与去年相比也有所上升。该部分的变化也是促进中国出口商品结构指数变动的一个原因。

由图 A3.8 可知，中国出口商品结构十余年来一直在向发达国家靠近，自 2005 年以来总体上进入了相对稳定的发展时期，2017 年出口商品指数相比上年略有上升但基本持平。若不考虑 2015 年的结构下跌，中国出口商品结构总体上还是延续了稳定的发展态势。

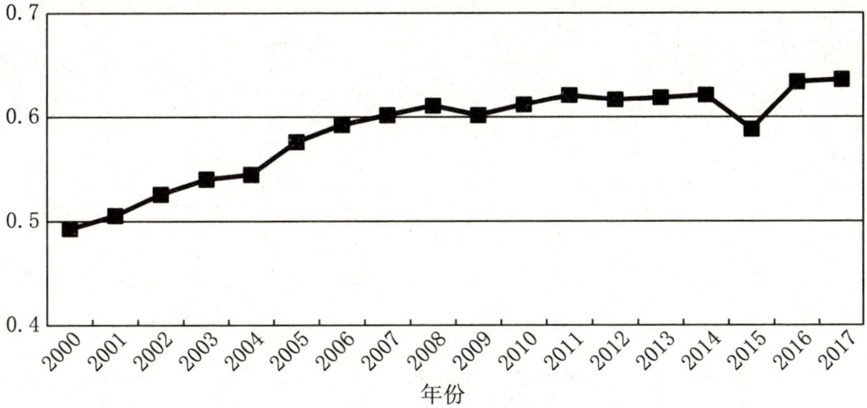

资料来源:上海 WTO 事务咨询中心:2017 年中国对外贸易运行指数。

图 A3.8　中国出口商品结构指数走势

其次,在进口商品结构方面,进口商品结构指数反映了中国进口商品结构的变化情况及其与发达国家之间的相似性。与出口商品结构分析的方法类似,表 A3.5 列出了中国在 98 章商品中具有代表性的进口商品占比变化情况。分别第 27 章(矿物燃料、矿物油及其产品;沥青等)、第 72 章(钢铁);第 84 章(核反应堆、锅炉、机械器具及零件)和第 85 章(电机、电气、音像设备及其零附件)构成了海关出口商品编码的第 16 类(机电、音像设备及其零件、附件);第 87 章(车辆及其零附件,但铁道车辆除外)。

表 A3.5　中国主要进口商品结构变化　　单位:%

年份	第 27 章	第 72 章	第 84 章	第 85 章	第 87 章
1999	5.39	4.32	16.8	21.27	1.43
2000	9.17	4.25	15.3	22.55	1.6
2001	7.21	4.5	16.65	22.95	1.86
2002	6.54	4.48	17.67	24.83	2.19
2003	7.09	5.38	17.32	25.18	2.87
2004	8.56	4.21	16.31	25.34	2.31
2005	9.73	3.97	14.6	26.49	1.86
2006	11.25	2.53	13.83	27.67	2.15
2007	10.95	2.41	13.01	26.94	2.31
2008	14.9	2.17	12.26	23.57	2.38

（续表）

年份	第 27 章	第 72 章	第 84 章	第 85 章	第 87 章
2009	12.26	2.76	12.33	24.28	2.82
2010	13.51	1.81	12.36	22.56	3.55
2011	15.70	1.63	11.46	20.15	3.75
2012	17.15	1.28	10.01	21.00	3.89
2013	16.13	1.09	8.75	22.25	3.80
2014	16.12	1.08	9.15	21.66	4.56
2015	12.38	1.14	9.81	26.96	4.35
2016	11.46	1.10	9.70	27.27	4.68
2017	13.74	1.20	9.50	25.51	4.43
发达国家平均比例	17.74	1.44	13.1	12.66	8.05

资料来源：美国 GTI 海关数据库，www.gtis.com/gta。

从表 A3.5 中数据可以看出，第 27 章（矿物燃料、矿物油及其产品；沥青等）商品的进口在中国所占的份额在 2017 年有一定的回升，而且回升的幅度还比较明显。从数据的变化中明显可以看出，由于中国经济发展增速回升，直接表现在对能源的需求，使能源类商品进口所占的比例上升。

就第 72 章（钢铁）商品来看，2017 年中国对该类商品的进口已经基本稳定在 1%左右，相比去年增长了 0.1 个百分点。

再次，中国近几年来的进口的三分之一以上为机电类商品，也就是第 84 章和第 85 章。而发达国家机电类商品的进口也构成了发达国家进口商品的重要组成部分。就中国该部分进口商品结构的变化情况来看，该两个章节的商品占比均出现了回升，第 84 章从最近几年已经下降到了不到 9%到 2017 年回升至 9.5%，而第 85 章商品份额也回升至超过 25%，但是相比上年份额还是有明显的下跌。与此同时，第 87 章的商品进口所占的份额在 2017 年也略有下跌。

由图 A3.9 可知，中国的进口商品结构指数在近十年来逐步上升，总体上说明中国的进口商品结构与发达国家相比正在稳步接近。在 2017 年该指数与上年相比有小幅度的下跌，若忽略 2015 年的结构指数的下跌，各主要进口商品结构还是处在比较稳定的态势。

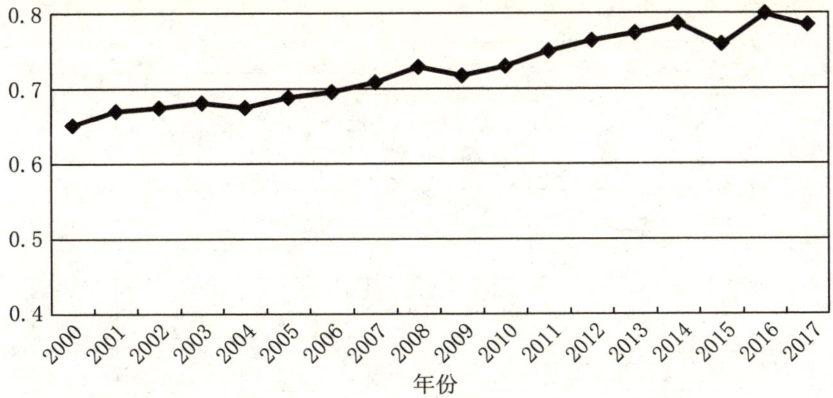

资料来源:上海 WTO 事务咨询中心:2017 年中国对外贸易运行指数。

图 A3.9　中国进口商品结构走势

总体来说,2017 年中国对外贸易的商品结构处在比较稳定时期。对具体的贸易结构来说,中国的贸易产业结构也正处在一个漫长而相对稳定的调整时期。就出口而言,纺织类商品在中国出口结构中所占的份额正在持续减少,慢慢开始退居到次要的位置。而汽车类商品所占的贸易份额已经开始发生明显的变化,贸易量持续增大,已经慢慢开始成为中国贸易商品中越来越重要的一个组成部分,进而开始越来越多地影响中国贸易商品结构指数。

专栏 3.1　加工贸易对贸易商品结构的影响继续保持稳定

在 2011 年中国贸易运行报告中,我们为了剔除加工贸易对贸易商品结构指数的影响,构建了一般贸易商品结构指数。具体方法是从中国 98 章进出口商品中减去加工贸易的额度,仅以一般贸易商品结构与美国、欧盟以及日本的平均贸易结构进行比较,构建中国一般贸易商品结构指数。2017 年,我们继续测算一般贸易进口商品结构指数。

首先,2000—2017 年中国一般贸易进口商品结构指数如图 A3.10 所示。

我们在往年的中国贸易运行报告中指出,一般贸易进口商品结构指数普遍高于进口商品结构指数,但是 2017 年情况出现了一些新的变化,一般贸易结构指数略高于总体贸易结构指数。同时,过往的贸易运行报告中指出,一般贸易进口商品结构指数与进口商品结构指数之间的差距正在逐年减少,中国用于进口的加工贸易部分正在趋于稳定。2017 年两个指数运行也呈现出类似的效果。在 2017 年两个指数总体上已经趋于一致,两个指数之间已经几乎没有差别,加

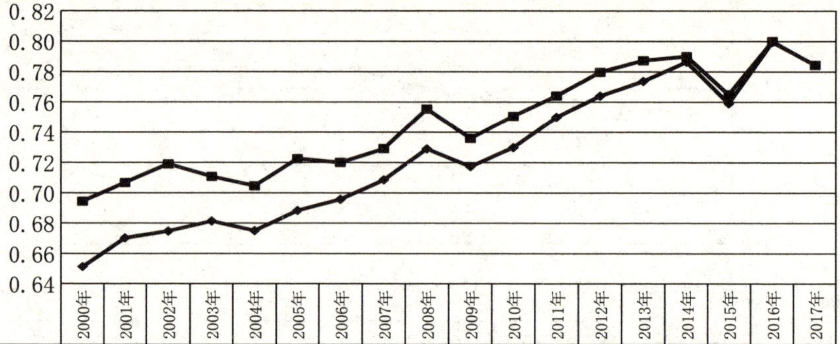

	2000年	2001年	2002年	2003年	2004年	2005年	2006年	2007年	2008年	2009年	2010年	2011年	2012年	2013年	2014年	2015年	2016年	2017年
总额贸易相似度	0.651	0.670	0.675	0.681	0.675	0.688	0.696	0.708	0.729	0.717	0.730	0.750	0.764	0.774	0.786	0.759	0.799	0.785
一般贸易相似度	0.694	0.707	0.719	0.711	0.705	0.723	0.720	0.729	0.755	0.736	0.751	0.764	0.780	0.787	0.790	0.765	0.800	0.784

图 A3.10　进口商品结构指数与一般贸易进口商品结构指数走势

工贸易对中国总体进口结构的影响已经非常小而且趋于稳定。图 A3.11 给出了两个指数差距的变化情况,进一步说明加工贸易对我国进口商品结构的影响变化情况。

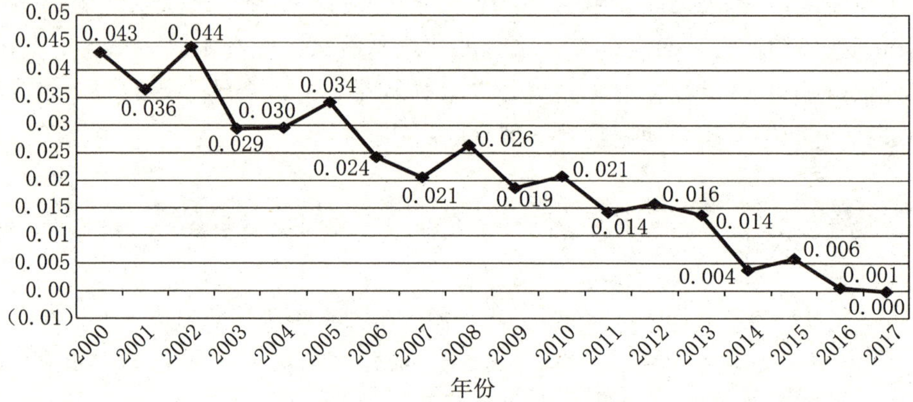

图 A3.11　总体贸易与一般贸易进口结构指数差距走势

其次,2000—2017 年一般贸易中出口商品结构指数如图 A3.12 所示。

往年的贸易运行报告中我们提到,与进口情况不同,一般贸易出口商品结构指数普遍低于出口商品结构指数。如果剔除加工贸易的影响,中国出口商品结构与发达国家差距比总体的贸易结构要大。同时,一般贸易出口商品结构指数与出口商品结构指数之间的差距也正在逐年减少,往年的贸易运行报告中提到,从 2008 年开始这种差异开始趋于稳定,总体结构没有明显的变化。在 2015 年,两者之间的差异有所减小,但是在 2017 年两者之间的差距又回到了往年的水平,总体上还是处于稳定的水平。

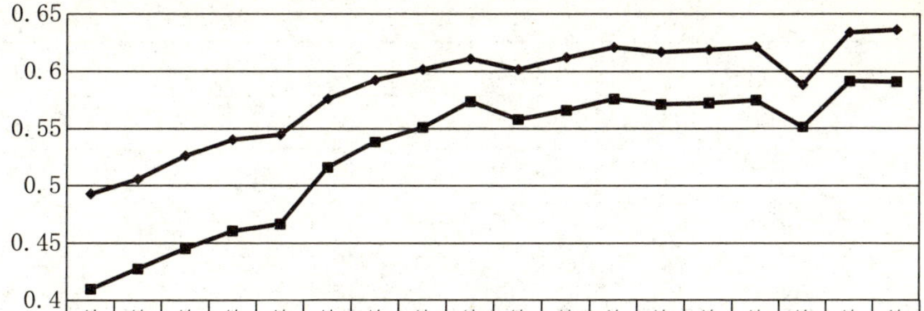

	2000年	2001年	2002年	2003年	2004年	2005年	2006年	2007年	2008年	2009年	2010年	2011年	2012年	2013年	2014年	2015年	2016年	2017年
总额贸易结构指数	0.493	0.506	0.526	0.540	0.545	0.576	0.592	0.602	0.611	0.602	0.612	0.621	0.617	0.619	0.621	0.588	0.634	0.636
一般贸易结构指数	0.410	0.428	0.445	0.460	0.467	0.516	0.538	0.551	0.574	0.558	0.566	0.576	0.571	0.572	0.575	0.551	0.591	0.591

图 A3.12　出口商品结构指数与一般贸易出口商品结构指数走势

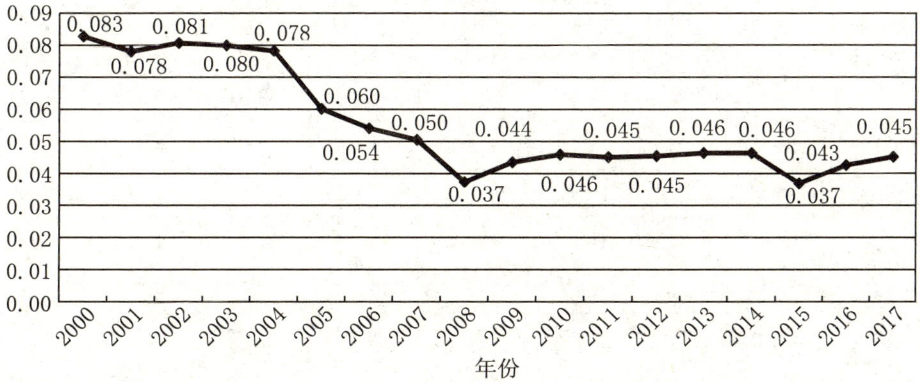

图 A3.13　总体贸易与一般贸易出口结构指数差距走势

② 2017 年中国贸易国别结构持续保持稳定。

贸易国别结构指数主要反映的是中国进出口商品市场分布的变化情况。在比较的过程中,同样也是以美国、欧盟(28 国)和日本的出口商品的市场结构的平均比例作为比较的相对标准,计算出中国出口商品市场结构与该标准的相似程度。美国、欧盟、日本以及韩国一直是中国最主要的贸易对象,中国与上述四个贸易对象的贸易额占到了中国总贸易额的近五成。中国与上述四个贸易对象的贸易份额的走势往往影响到中国贸易国别结构指数的变化。表 A3.6 列出了中国最主要的四个贸易对象与中国的贸易份额状况。

在中国的进出口对象分布中,总体上来说中国的进出口商品市场分布变化明显呈现出分散化的趋势,该现象在 2017 年度表现继续趋于稳定,指数与上年相比没有显著的变化。在 2017 年中国贸易出口伙伴国中,由于主要的发达经济

表 A3.6　中国主要贸易对象进出口市场结构变化　　　单位：%

年份	美国		欧盟		日本		韩国	
	出口	进口	出口	进口	出口	进口	出口	进口
1999	21.53	11.76	16.57	15.60	16.61	20.38	4.01	10.39
2000	20.92	9.94	16.47	13.91	16.70	18.45	4.53	10.31
2001	20.37	10.76	16.73	14.92	16.91	17.58	4.70	9.60
2002	21.48	9.22	16.25	13.48	14.89	18.11	4.76	9.68
2003	21.10	8.20	18.03	13.33	13.56	17.96	4.59	10.45
2004	21.05	7.96	18.30	12.53	12.39	16.80	4.68	11.08
2005	21.37	7.38	19.10	11.20	11.03	15.22	4.61	11.64
2006	21.00	7.48	19.59	11.45	9.47	14.63	4.60	11.34
2007	19.11	7.31	20.14	11.61	8.38	14.00	4.61	10.88
2008	17.66	7.20	20.50	11.74	8.13	13.31	5.17	9.91
2009	18.36	7.71	19.66	12.74	8.09	13.02	4.46	10.17
2010	17.94	7.27	19.72	12.08	7.62	12.65	4.36	9.90
2011	17.07	6.78	18.74	12.13	7.76	11.16	4.37	9.28
2012	17.16	7.03	16.36	11.69	7.39	9.78	4.28	9.17
2013	16.66	7.49	15.33	11.27	6.78	8.32	4.12	9.38
2014	16.90	7.80	15.83	12.42	6.38	8.29	4.28	9.69
2015	17.98	8.99	15.62	13.05	5.96	8.91	4.45	10.88
2016	18.02	8.68	16.06	13.63	6.06	9.53	4.48	10.41
2017	18.94	8.36	16.39	13.65	6.01	9.22	4.52	9.90

资料来源：美国 GTI 海关数据库，www.gtis.com/gta。

体经济有比较明显的增长，所以主要的贸易伙伴的出口份额均略有上升。在进口方面，2017 年中国的进口市场指数跟去年相比基本持平。而从几个发达经济体进口份额总体上保持比较稳定，变化幅度不大。从欧盟的进口份额有略微的上升，从美国、日本以及韩国的进口份额略有减少，但是变化的幅度均不明显。从总体上来说，2017 年的贸易国别指数相比上年基本保持稳定。贸易国别结构指数总体上没有显著的变化，中国的贸易市场结构呈现出与发达国家接近的趋势，并在最近几年保持在一个稳定的水平。可以说，中国贸易的市场分布结构基本上处于相对稳定的发展时期。

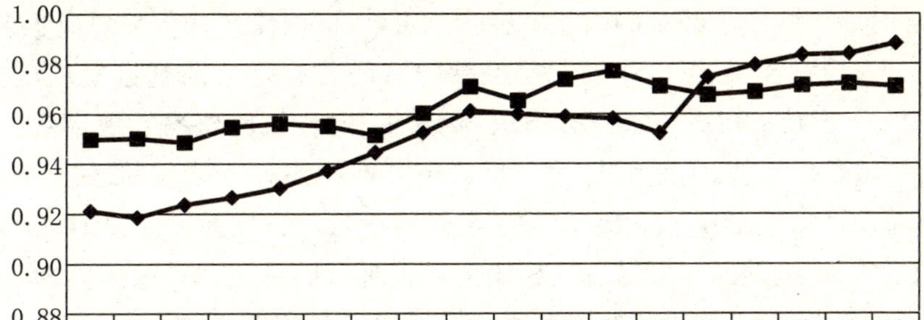

	2000年	2001年	2002年	2003年	2004年	2005年	2006年	2007年	2008年	2009年	2010年	2011年	2012年	2013年	2014年	2015年	2016年	2017年
出口对象国结构	0.921	0.919	0.924	0.927	0.930	0.937	0.944	0.952	0.961	0.960	0.959	0.958	0.952	0.975	0.980	0.984	0.984	0.988
进口对象国结构	0.950	0.950	0.949	0.955	0.956	0.955	0.951	0.960	0.971	0.965	0.974	0.977	0.971	0.968	0.969	0.971	0.972	0.971

资料来源:上海 WTO 事务咨询中心:2017 年中国对外贸易运行指数。

图 A3.14　进出口商品结构和国别结构走势

3.1.3　2017 年贸易拉动经济效应回升,贸易发展指数呈现上升态势

在往年的贸易运行报告中我们曾提到,中国经济增长主要依靠国内需求,国内需求又主要依靠投资需求,而外贸对中国经济增长的贡献度则在近几年出现了比较明显的下跌。但进入 2017 年后,伴随国内外形势的调整,这种情况有了一定的改观。经济运行出现一定的反弹,同时贸易对经济的拉动效应也回升,乐观的估计可以认为,中国的经济结构调整初见成效,但是未来风险依然存在。

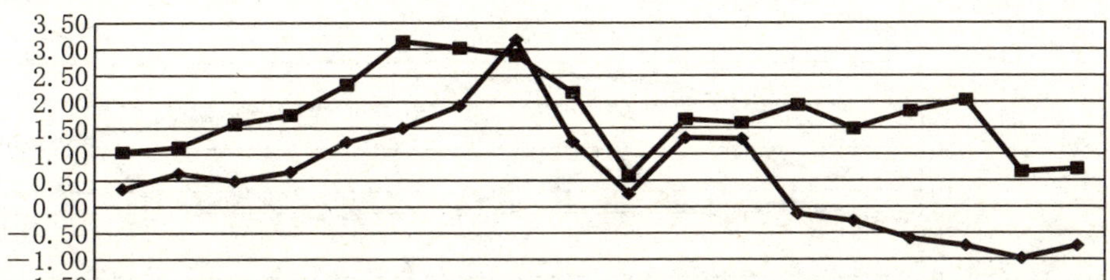

	2000年	2001年	2002年	2003年	2004年	2005年	2006年	2007年	2008年	2009年	2010年	2011年	2012年	2013年	2014年	2015年	2016年	2017年
国民经济运行指数	0.34	0.63	0.49	0.66	1.23	1.50	1.92	3.18	1.24	0.24	1.31	1.29	−0.14	−0.29	−0.61	−0.74	−0.98	−0.77
贸易贡献指数	1.04	1.14	1.58	1.75	2.33	3.14	3.02	2.88	2.18	0.59	1.67	1.60	1.94	1.48	1.82	2.03	0.67	0.72

资料来源:上海 WTO 事务咨询中心:2017 年中国对外贸易运行指数。

图 A3.15　贸易发展指数和贸易效应指数走势

往年的贸易运行监控报告中曾提到,中国外贸进出口的绝对增长并不能完全体现贸易效应,其相对增长速度对中国经济增长意义更为重大。或者说,中国外贸进出口的发展速度本身一旦下降或者减缓,基于中国国民经济对外贸进出

口的依赖性，中国经济的增长就会受到影响，同时中国的贸易效应也会下降。但是，通过我们对最近 5 年的贸易发展与贸易效应指数的观察发现，这种规律从 2011 年开始正在被悄然打破。从 2011 年开始，虽然贸易发展指数还是呈现出持续增长的态势，但是贸易效应指数却开始始终处于低位状态。2015 年，即便贸易发展指数出现了下跌，但是贸易效应指数却有反弹。而 2016 年度的指数情况说明，中国的总体贸易发展相比去年有所增加，但是贸易效应不明显。不过进入 2017 年，中国的经济发展增速结束了数年的连续下跌而有所反弹。同时，得益于相对比较良好的国际宏观环境，贸易对经济的促进效应在 2017 年也出现了一定程度的回升。

(1) 2017 年国民经济对贸易的依存以及贸易对国民经济贡献均有微弱反弹

回顾中国的贸易依存度，随着外贸十几年来的高速发展，中国的贸易依存度一直处于较高水平。在 2005—2006 年达到最高峰时，曾一度超过 60%。在 2008 年、2009 年国际金融危机影响严重期间，中国外贸的萎缩导致依存度持续下降。随后由于中国贸易发展状况的改善，中国的贸易依存度比例再次超过了 50%。但是从 2012 年开始，中国经济对贸易的依存度开始下跌，并在近 5 年下跌明显。与此对应的是，就贸易增长对经济增长的贡献率而言，除个别年份以外，基本还处于比较高的水平。2016 年贸易依存度与贸易贡献率均处在历史的低点，但是进入 2017 年，随着经济形势的好转，两项指标均有小幅度回升。

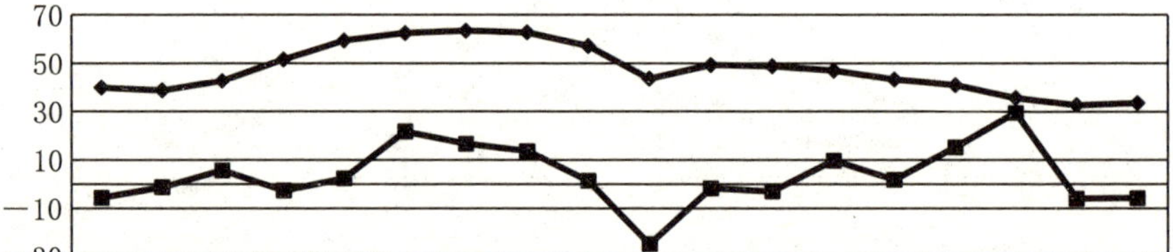

	2000年	2001年	2002年	2003年	2004年	2005年	2006年	2007年	2008年	2009年	2010年	2011年	2012年	2013年	2014年	2015年	2016年	2017年
贸易依存度 (%)	39.7	38.6	42.6	51.5	59.4	62.4	63.4	62.7	57.1	43.6	49.3	48.8	46.9	43.3	41.0	35.6	32.7	33.6
贸易贡献率 (%)	−5.6	−1.2	5.70	−2.6	2.38	21.6	16.6	13.6	1.42	−24.0	−1.7	−2.9	9.74	1.84	15.2	29.4	−5.9	−5.7

资料来源：中国统计局网站，http://www.stats.gov.cn/，相关指标由作者计算得出。

图 A3.16　贸易依存度及贸易增长对经济增长的贡献率

综合上述两方面影响，图 A3.16 反映了贸易贡献指数在 2000—2017 年的走势情况。由该图可见，2017 年外贸的发展使其对国民经济的贡献相比 2016 年有微弱的反弹，但是总体指数水平跟历史时期相比仍然处在比较低的水平。

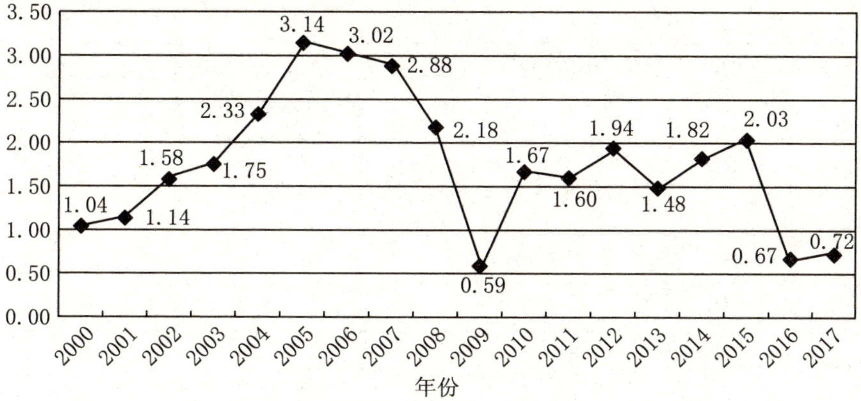

资料来源:上海 WTO 事务咨询中心:2017 年中国对外贸易运行指数。

图 A3.17　贸易贡献指数走势图

(2) 2017 年国民经济运行指数与贸易贡献指数均有一定的回升

为客观反映国民经济运行状况,我们选取了 GDP 增长率、中国财政收入增长率和社会消费品总额增长率三个宏观经济指标来描述中国国民经济的运行情况。这三个指标的走势如表 A3.7 所示。

表 A3.7　中国宏观经济指标数据　单位:%

年份	中国 GDP 增长率	中国财政收入增长率	中国社会消费品零售总额增长率
2000	8.6	17.05	9.70
2001	8.1	22.33	10.10
2002	9.5	15.36	11.80
2003	10.6	14.87	9.10
2004	10.4	21.56	13.30
2005	12	19.90	12.90
2006	12.8	22.47	13.74
2007	14.4	32.41	16.75
2008	9.6	19.48	28.72
2009	9.3	11.74	15.54
2010	10.3	21.14	18.40
2011	9.2	24.99	17.15
2012	7.8	16.72	11.97

(续表)

年份	中国GDP增长率	中国财政收入增长率	中国社会消费品零售总额增长率
2013	7.7	10.1	15.47
2014	7.4	8.62	10.9
2015	6.9	8.44	10.7
2016	6.7	4.5	10.4
2017	6.9	7.4	10.2

资料来源:中国统计局网站,http://www.stats.gov.cn/。

由表A3.7可见,上述三个指标的变化趋势基本一致。往年的贸易运行报告中已经多次提到,中国已经告别了以往的高速增长时期,进入一个中速的结构调整期。中国的GDP的增长在2017年为6.9%。另外,由于中国从2016年开始启动供给侧改革,从总体上来看,供给侧结构性改革在2017年扎实推进。中国的财政收入增长在2017年有了一定幅度的回升。社会消费品零售总额增速相比去年基本持平,但是总体上继续处于历史上的中等水平。可以说,从2012年开始,中国经济增长基本告别前段时间的两位数高速增长阶段,进入"新常态"的结构调整时期。进入2017年,"供给侧"改革有初步的成效,但是中国的宏观经济运行依然处在深度的调整期。

根据往年的贸易运行监控报告的分析,中国的贸易贡献指数与国民经济运行指数的走势呈现出了高度的正相关性。这一点在2000—2011年的贸易贡献指数与国民经济运行指数上得到了体现。但是,此后2012—2015年的指数走势运行则出现了新的情况。从2012年开始,贸易贡献度指数总体趋势上处于持续的状态,但是国民经济运行指数却处于逐年下降的趋势。这说明虽然当时中国的外贸进出口对国民经济起到了很大的贡献作用,但是外贸对国民经济的影响力已被明显削弱,意味着以往中国外贸发展与国民经济运行走势呈现高度正相关性的规律已经发生改变。

2017年指数情形是:一方面,中国在2017年的贸易贡献度指数相比上年有了微弱的回升,同时国民经济运行指数也结束了连续几年持续下跌的状况。由于中国加入世贸组织以来巨大的贸易红利已经消失,中国的经济发展正在寻找新的动力,不过2017年贸易的发展还是对全年经济增长起到了积极的促进作用。我们进一步回顾2017年中国宏观经济运行情况,在拉动经济发展的三驾马车中,投资增速持续回落。

按照国家统计局公布的2017年统计公报,固定资产投资增速相比2016年还在继续放缓,全年全社会固定资产投资 641 238 亿元,比上年增长 7.0%。再看消费,2017 年中国全年社会消费品零售总额实际增长约 10.2%,也略低于 2016 年 10.4%的水平。但是通过对比 2016 年与上年宏观经济水平与贸易效益发现,中国消费端对经济的作用较 2016 年相比变得更加重要,中国经济发展质量的效益有一定的改善。

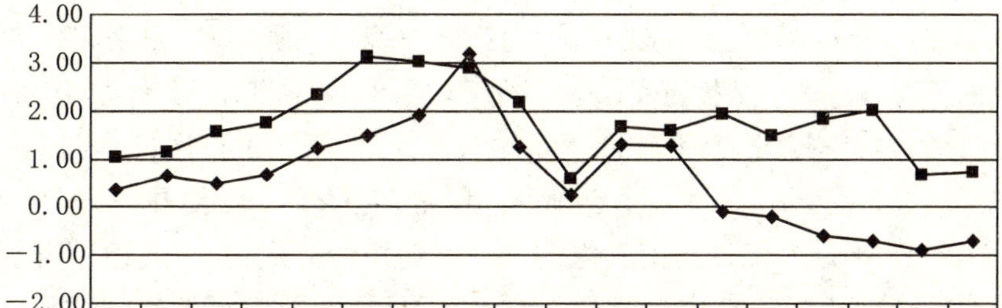

	2000年	2001年	2002年	2003年	2004年	2005年	2006年	2007年	2008年	2009年	2010年	2011年	2012年	2013年	2014年	2015年	2016年	2017年
国民经济运行指数	0.34	0.63	0.49	0.66	1.23	1.50	1.92	3.18	1.24	0.24	1.31	1.29	−0.1	−0.2	−0.6	−0.7	−0.9	−0.7
贸易贡献指数	1.04	1.14	1.58	1.75	2.33	3.14	3.02	2.88	2.18	0.59	1.67	1.60	1.94	1.48	1.82	2.03	0.67	0.72

资料来源:上海 WTO 事务咨询中心:2017 年中国对外贸易运行指数。

图 A3.18　国民经济运行指数和贸易贡献指数走势

3.2　2018 年中国对外贸易展望

2017 年,在全球居民消费、企业投资回升带动下,世界经济增速重新回到金融危机前 20 年平均水平。进入 2018 年后,各界预计世界经济仍将保持增长态势。国际货币基金组织预计,得益于贸易和投资增长,2018 年全球经济有望持续回升,增长率将为 3.9%,略好于 2017 年。但是,受"逆全球化"的贸易投资政策以及发达国家加息、减税等宏观经济调整影响,全球企业和消费者信心目前也出现了显著波动。对此,国际货币基金组织也表示,相关全球经济增长预期并未考虑贸易摩擦增加这一因素,如果保护主义持续加剧、政治和贸易紧张升级,恐也将破坏全球经济增长势头。目前,随着美国等主要经济体经贸政策调整的加剧,客观也使未来全球经济增长的不确定性因素增加。

在全球贸易政策环境方面,世贸组织等通过努力抑制贸易保护主义、改善市场准入、避免由政策导致的不公平贸易和竞争等手段,改善贸易环境、扩大贸易机会,2017 年全球主要经济体贸易限制措施总体维持在相对稳定的水平。但是,2018 年前后美国贸易政策走向发生巨变,频繁对中国等主要贸易伙伴采取保护政策措施，包括“301 调查”、各类反倾销反补贴措施、保障措施（201 条款）、安全例外（232 条款）等。需要注意的是，232 条款和 301 条款作为较早期的贸易保护政策手段，自 1995 年世贸组织成立后美国已长期罕有使用。这使得包括中国、欧盟、日本在内的全球主要贸易国均已感受到贸易保护政策对未来全球贸易走势之巨大冲击。针对当前多边贸易体制面临的权威性下降及制度建设不健全等困境，可以说自二战后建立的全球多边贸易体制也正经受着前所未有之挑战。

2017 年中国出台一系列政策促进外贸稳增长调结构，商务部等部门狠抓政策的落实，使得外贸发展取得显著成绩，进出口增长超出预期，结构进一步优化，质量效益继续提升，动力转换不断加快。此外，一大批进出口企业也从供给侧发力，加快转型升级，开展技术创新、企业国际竞争力不断提升。

2018 年是全面贯彻落实党的十九大精神的开局之年，是改革开放 40 周年，是决胜全面建成小康社会、实施“十三五”规划承上启下的关键一年。自年初以来，中国经济稳中有进、稳中向好的发展态势不断巩固，带动进口持续快速增长，为促进全球经济复苏和贸易增长作出了重要贡献。世贸组织认为，中国经济从主要依靠投资向消费、投资并重转型，有利于经济可持续增长，并将支持贸易持续增长。从总体来看，中国外贸发展虽然面临成本上升等问题，但长期向好的基本面没有变。展望 2018 年全年，世界经济有望保持复苏势头，国际市场需求总体继续增长，中国经济也已由高速增长阶段转向高质量发展阶段。综合考虑国际国内两方面因素，2018 年中国外贸发展稳中向好势头有望得到进一步巩固。

《2018 年中国贸易运行监控报告》继续对外发布中国贸易运行指数。2017 年中国对外贸易运行重新实现了增长态势，与 2016 年相比进出口都获得了提升。在 2017 年贸易运行报告中，我们认为 2014 年后中国外贸发展已经进入稳定发展“新常态”，且这一状况将会持续较长时期。2017 年的贸易增长表现似乎说明中国的贸易运行已经跨越了低谷。但是仅仅从一年的贸易运行表现来断言中国对外贸易是否进入一个稳定时期还为时尚早。考虑到未来国际国内众多的经济影响因素，我们还要持续关注中国外贸的表现。

最后，2017 年贸易对国民经济增长的拉动效应也再次显现。我们上期的报告曾表明，2016 年对外贸易对国民经济的拉动效应由于出口下跌而降幅显著，也与宏观经济学“三驾马车”的理论基本一致。2017 年由于贸易进出口均出现了一定的增长，贸易对国民经济的贡献也实现了反弹。展望未来，中国外贸，尤其是出口能否继续维持目前的增长态势也将成为其对国民经济增长是否发挥效应的重要决定因素。

下编　全球价值链下中国的吸收外资政策：经验回顾与未来方向

1. 全球价值链下的国际投资及其政策演进新趋势

20世纪90年代以来，随着全球化进程加快和知识经济的发展，以跨国公司对外投资为主导的要素全球配置催生了国际化生产、加工贸易等生产方式和贸易模式的创新，促使价值链在各国之间不断延展细化，基于全球价值链下的新型国际分工与贸易体系逐步形成。

目前，全球价值链已经成为世界贸易和投资的主要特征，涵盖发展中经济体、新兴经济体和发达经济体。从原材料到成品的整个生产过程，商品和服务越来越多地选择在技术和原材料价格及质量有竞争力的地区生产并在全球销售。根据2013年《世界投资报告》公布的数据，当前全球约60%的贸易为中间产品和服务贸易，这些中间产品和服务在不同阶段被纳入最终产品和服务的生产过程，其价值已超过20万亿美元。与此相对应，全球价值链下的国际分工催生了无国界的生产系统，由跨国公司所主导的国际投资在其中充当着越来越重要的角色。

1.1　国际投资显著推动全球价值链成长

古典国际贸易理论主要揭示了国家之间通过产业分工并进行相互贸易以提高利益的依据，其对应的环境是以国家为主体的国际分工。直到20世纪90年代末，对国际分工格局的理论论述仍然是以发达国家间的水平分工和发达国家与发展中国家间进行垂直分工为基本特征，并具体表现为发达国家间大量进行产业内贸易，发达国家与发展中国家间大量进行产业间贸易；发达国家专业化于资本密集型、技术密集型产业，发展中国家专业化于劳动密集型、资源密集型产业。

但在当代,传统国际分工中的国别界限已明显弱化,跨国公司通过直接投资等方式成为了当前国际分工与贸易网络的主要推动者。传统的国际分工与贸易关系已从国与国之间转变为企业与企业之间,且这些企业中的相当部分是受制于同一个控制体系或有固定合同联系的分包商,而非外部的世界市场。目前,跨国公司开始日益倾向于更加狭隘的专业化,而将越来越多的职能通过股权或非股权方式分包给分布在全世界的独立的公司。跨国公司也日益倾向于更加集中在技术密集、非有形化的职能上,如产品设计、研究和开发、管理服务及营销和品牌管理等增值环节,而将更多的生产性环节分包给世界各地的合同制造商,甚至完全退出生产。作为经济全球化的载体,全球化运作的跨国公司正在将生产分工深入到价值增值的各个链节点上,为国际分工的深化发展提供微观基础。

在以往情况下,尽管跨国公司的生产因其跨越国界而具有世界性,但是因为这些散布在世界各国的分公司、子公司在海外各地所生产的产品主要供应当地市场或返销母国,世界各国的生产过程之间并不具有内在的生产关联性。国际分工只是发生在最终产品之间,而国际贸易是国际分工实现的主要途径。但在全球价值链分工与贸易背景下,跨国公司分散在海外各地的子公司不再是独立

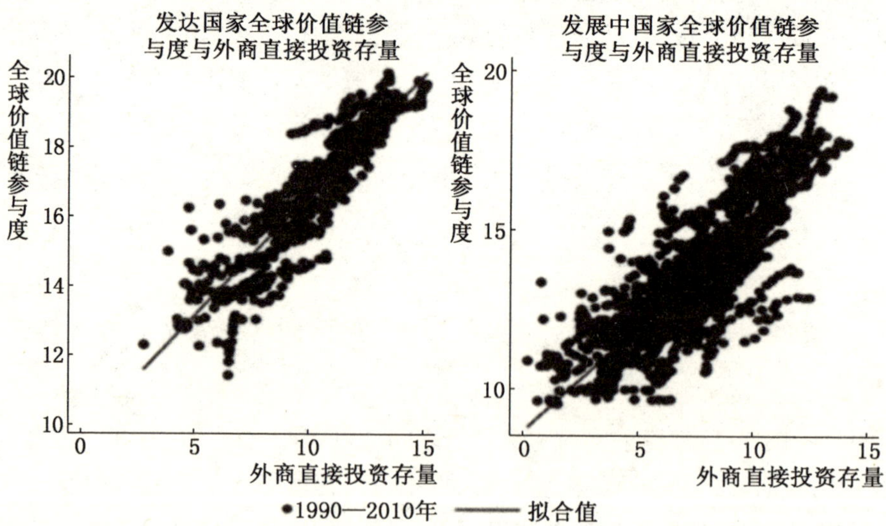

资料来源:UNCTAD, World Investment Report 2013-GVCs: Investment and Trade for Development, 2013.

图 B1.1 发达国家与发展中国家的外商直接投资与全球价值链参与度(1990—2010 年)

运作或仅与母公司发生联系，而是保持着与母公司及其他子公司间高度网络化的联系。每一个海外投资企业所服务的对象不再是分散、独立的单个市场，而是整个跨国公司体系所占据的区域市场，乃至全球市场。

由此，对跨国公司而言，跨国投资和生产的含义就不仅限于制造过程，而是广义的增值过程。在制造业领域，这种增值过程包括从研发、制造、销售到售后服务的各个环节；在服务领域，增值过程更始终贯穿于服务所提供的全部阶段。

首先，根据 2013 年联合国贸发会议发布的《世界投资报告》，全球对外直接投资存量由 1995 年的 3 万亿美元增长到了 2012 年的 23 万亿美元，相关统计分析也显示主要国家在全球价值链中参与度的变化和对外直接投资的存量变化之间存在着显著的正相关关系。

其次，根据 2013 年《世界投资报告》，全球价值链通常由跨国公司协调，在与附属公司、合同伙伴和其他独立供应商构建的贸易网络中开展进出口的跨境贸易。2010 年由跨国公司协调的全球价值链下的跨境贸易估计占全球贸易量的约 80%（见图 B1.2）。

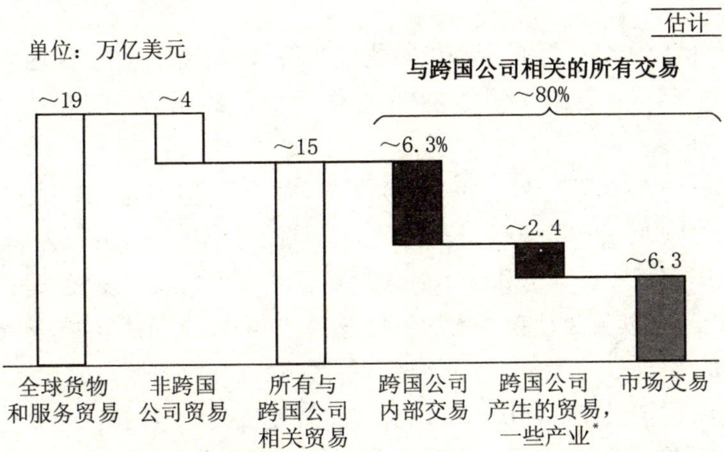

资料来源：UNCTAD, World Investment Report 2013-GVCs: Investment and Trade for Development, 2013.

图 B1.2 通过跨国公司参与的全球总出口（货物和服务）（2010 年）

最后，全球价值链下的贸易附加值模式在很大程度也由跨国公司的对外投资所决定的。实证研究已表明，外国直接投资相对较高的国家往往参与到全球价值链中更高的层级，并从贸易中获得相对较高的附加值（见图 B1.3）。

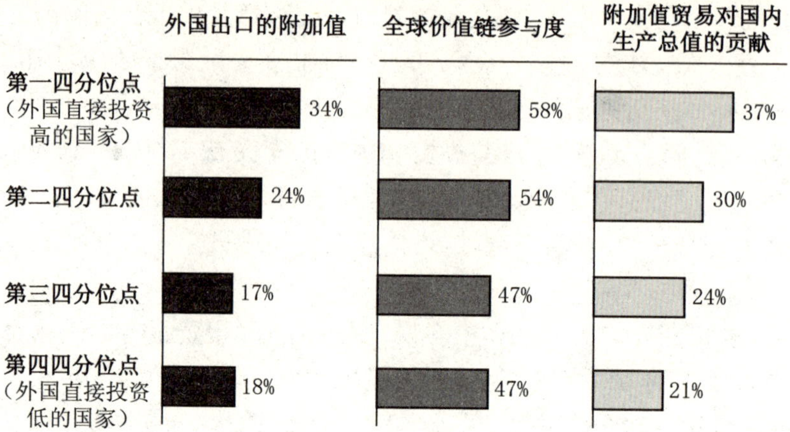

资料来源：UNCTAD，World Investment Report 2013-GVCs：Investment and Trade for Development，2013.

图 B1.3　主要贸易增值指标：从四分位点看对内的外国直接投资相对于 GDP 的关系(2010)

1.2　国际投资推动主要国家间经济格局发生调整

全球价值链下的国际投资和国际化生产使越来越多的国家和地区加入到国际分工体系，参与分割“全球化红利”的主体逐步增多，并在一定程度上改变着利益分配的格局。

近年来，随着国际产业转移的持续深化，对于发达国家而言，大量劳动密集型、低增加值的业务依靠国际投资转移到国外，充分利用国外相对低成本的资源，使发达国家国内劳动力和资本等生产要素获得了更大的发展空间，促使其将优质资源投入到创新活动和高增加值的业务环节中。这不仅有利于发达国家产业结构升级，而且分工深化有效地降低了发达国家企业的运营成本，改善了其经营绩效，并将在新兴产业领域创造出更多的就业机会。但同时，产业转移也导致发达国家部分工作岗位流失。在制造业领域，合同制造和海外投资使发达国家劳工阶层的就业岗位被发展中国家低工资的工人所替代；在服务领域，服务外包则影响到发达国家所谓白领阶层的就业形势。大量印度、中国的工程师承担起软件开发、资产管理、产品设计、药剂改良等工作，大大降低了发达国家白领工作中专业知识和技能的稀缺性和不可替代性，甚至对这些国家中产阶级的生活和社会地位造成了一定的冲击。

就推动力而言，全球价值链分工的成本导向性仍十分突出。一部分发展中国家由于拥有丰富的自然资源、充裕人才储备、较完善产业体系和基础设施，且不断致力于构建更加开放的制度环境的国家和地区，在国际分工深化过程中，其比较优势得以充分释放，分享了更多的“全球化红利”，并表现出在价值链上更大的纵向和横向升级潜力。尤其是那些积极参与全球分工并提供大量低成本劳动力的新兴市场国家，随着发达经济体向新兴经济体产业转移规模的逐步扩大，其在全球制造业增加值中所占的份额大幅度下降，新兴经济体所占的份额则同步上升。

如图 B1.4 所示，从 1990 年以来 G7 中三大制造巨头在全球制造业产值中所占的份额的变化来看，日本在世界制造业产值中所占的份额直到 1990 年以前一直在上升，此后才稳步下降。日本份额的上升大至与同期美国份额的损失相等。美国经过几年复苏以后，从 2000 年起又大幅下滑。相比之下，联邦德国自 1970 年以来的数据一直在下降。其他 G7 国家 1990 年以来都处于稳步快速下降的通道上。

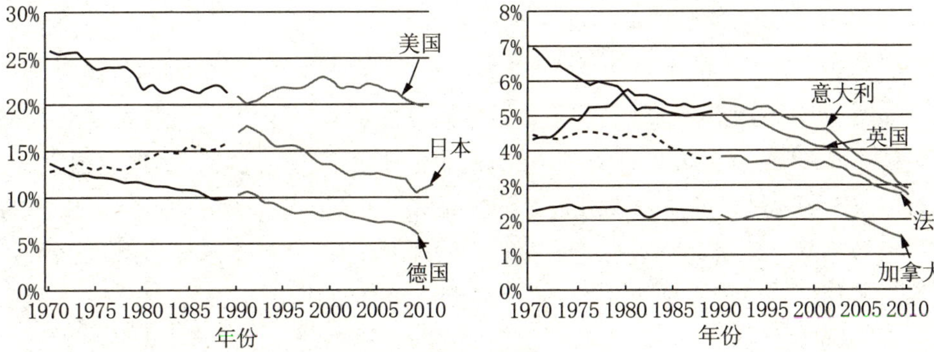

资料来源：联合国统计局(UNSTAT.org)数据。

图 B1.4　G7 占世界制造业份额(1970—2010 年)

与此同时，G7 制造业份额上的损失集中转移到北美、欧洲和东亚的有限几个新兴经济体。如图 B1.5 所示，其中只有 6 个新兴经济体自 1990 年以来在世界制造业的份额提升了 30%以上，它们几乎占据了所有发达经济体损失的制造业份额。这 6 个国家是：中国、韩国、印度、波兰、印度尼西亚和泰国。这些国家被称为“工业化 6 国”(I6)。值得注意的是，在这工业化 6 国中，中国的表现最为突出，其在世界制造业中所占的比重从 1990 年的约 3%上升到 2010 年的约 20%。而制造业份额快速转移的背后推手，正是跨国公司通过国际投资对全球供应链区域布局的重大调整，这种调整的主要载体就是国际投资特别是制造业领域的国际投资。

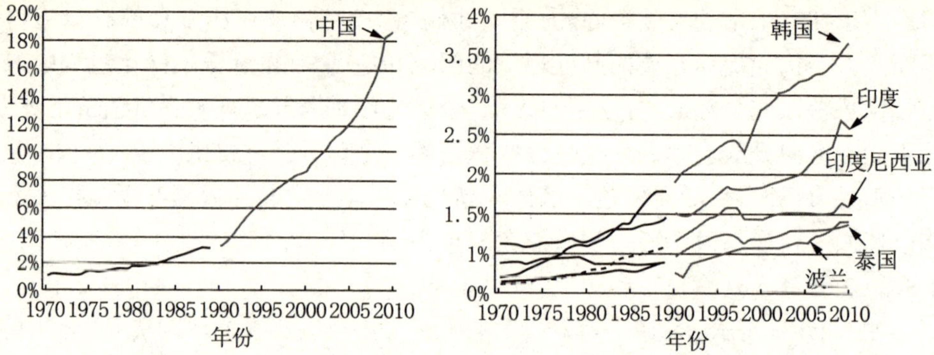

资料来源：联合国统计局(UNSTAT.org)数据。

图 B1.5　工业化六国(I6)占世界制造业份额(1970—2010 年)

最后，1990 年以来制造业全球产业转移的结果，一方面推动了世界经济与贸易的高速增长，以及发达经济体巨型跨国公司的企业利润达到令人惊异的规模，但在另一方面随着发达经济体对新兴经济体的大规模财富、特别是制造业增加值的转移，也带来全球经济的巨大失衡。这种失衡集中表现为在全球制造业价值链中居于引领和主导地位的美国和其他 G7 国家与 I6 国家之间日益扩大的货物贸易逆差。如图 B1.6 和图 B1.7 所示，国际金融危机以来，美国对全球的货物贸易逆差一直保持在 7 000 亿美元左右。其中，对制造业全球价值链中的四大制造业国家(德国、日本、中国、韩国)的逆差要占到美国全部贸易逆差的近 70%。其中，对中国的货物贸易逆差在美国贸易逆差中所占的比重即便是在 2008 年国际金融危机以后仍不断上升，从 2008 年的约占 32.8%上升到 2016 年的约占 47.2%。

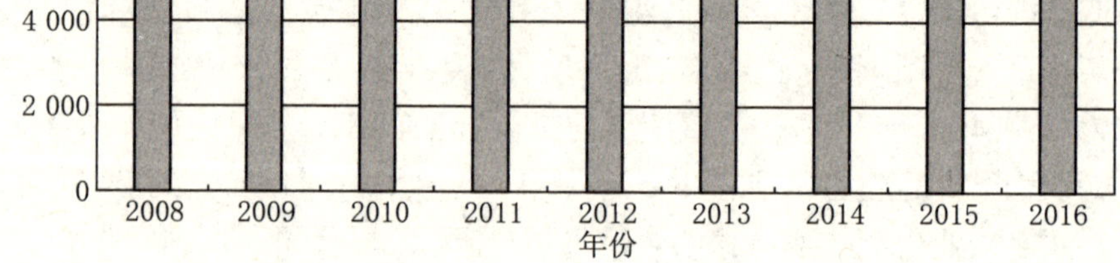

资料来源：GTA 数据库。

图 B1.6　美国对全球的货物贸易平衡(海关统计，2008—2016 年)

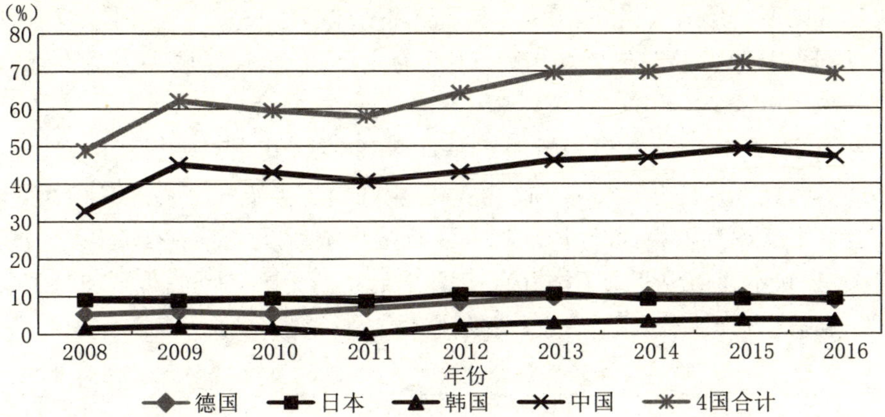

资料来源:GTA 数据库。

图 B1.7 美国与主要制造业大国的货物贸易平衡(海关统计,2008—2016 年)

全球价值链导致的主要国家在世界经济中地位格局所发生的调整,以及价值链内部各增加值层级国家之间货物贸易的严重不平衡,对全球经济与政治带来极为广泛的影响,其不但表现在经济和贸易的领域,而且还表现在各国国内政治、社会、族群关系领域,甚至进一步扩展到全球地缘政治的范围,并进而对国际投资体制的发展提出了新的要求。

1.3 全球价值链演进要求各国国际投资政策体制实现新调整

全球价值链催生了跨国界的生产分工体系,由跨国公司所主导的国际投资在其中充当着越来越重要的角色。然而,与贸易和金融等领域内状况相比,目前国际社会在投资领域内的制度建设还明显跟不上国际投资发展的势头,有关跨国生产的管理仍缺乏一套全球性的体制和规则。现有的国际投资规则体系也主要由双边投资协定所组成,而多边性的投资协定要么只是局限于特定地区,要么只是针对投资领域内的某一专门议题,或者只是不具约束力的指南和宣言,因而适用范围和效力非常有限。

在实践中,国际投资规则是国家间为促进和保护国际投资而确立缔约方相互间权利和义务的法律制定。在全球化日益加深的背景下,随着国际直接投资活动规模、流动格局、投资形式的变化所引起不同的利益诉求,围绕着对外资保护与促进的分歧,发达国家和发展中国家在双边、区域和多边层次就国际投资规则的目的、结构和具体内容进行反复的博弈、谈判。经过几十年的发展演变,国际投资规则逐渐形成了当前这种缺乏综合性全球多边投资协定，而以双边投资协定（BIT）、特惠贸易与投资协定（PTIA）为主体的双边、区域和多边投资协定共存的规则体系。

截至 2012 年年底，国际投资协定总计 3 196 项，其中双边投资协定已经达到2 857 项，其他协定达到 339 项。这些协定在内容上既相互渗透又相互影响，既相互区别又相互重叠，共同体现着国际直接投资活动过程中有关各方的权利和义务，反映不同历史背景下国际直接投资流动过程中东道国、母国和跨国公司不同的利益诉求，并对国际直接投资的流动产生影响。

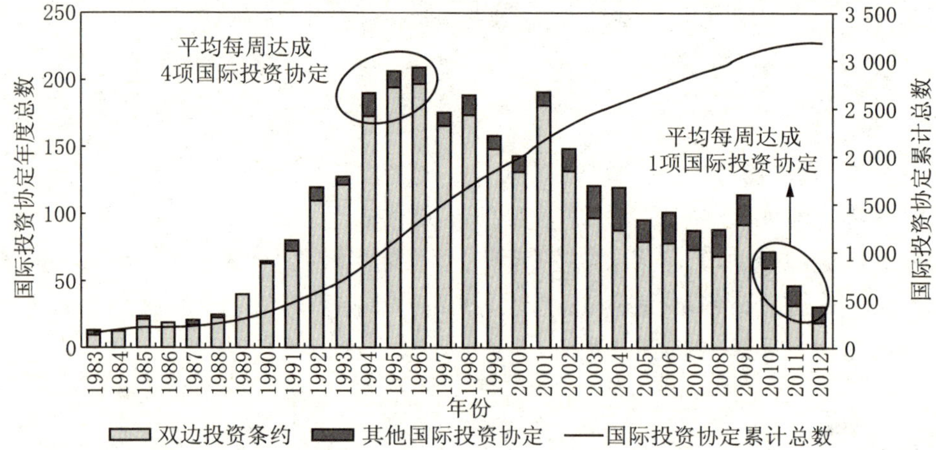

资料来源：UNCTAD, World Investment Report 2013-GVCs: Investment and Trade for Development, 2013.

图 B1.8　1983—2012 年国际投资协定之签订趋势

目前，伴随全球价值链分工与生产体系的日益发展和深化，当前世界投资格局正处于深刻调整期，国际投资规则作为协调和管理国际直接投资活动中涉及的跨国公司、东道国和母国之间利益与责任关系的法律机制，也正进入了新一轮调整期。结合上述分析可见，当前正在启动中的经济全球化“再平衡”过程，标志着全球价值链的竞争已经从过去 20 多年来的以份额竞争为主的阶段转向以升级竞争为主的阶段。这种价值链升级竞争将在以美国为代表的、处于全球价值链创新端的发达经济体（G7）与以中国为代表的处于全球价值链工厂端的新兴经济体（I6）之间展开。

其中，以美国为代表的发达经济体的价值链位置竞争的目标将是依托其占据优势地位的引领型供应链、集成服务创新端，以及关键零部件或服务研发端，乘方兴未艾的产业革命趋势往下向新兴经济体的工厂端渗透，逐步扭转其在全球制造业增加值和全球财富份额中比重不断下降的趋势。尽管各发达经济体在推动全球贸易和投资规则体系的重构的过程中存在着一定程度的经济利益和政治文化的冲突，但它们的基本目标是一致的。这从目前各国所采取的具体举措中可以得到印证。

一是各发达经济体都倾向于把曾经在全球价值链增加值份额竞争中发挥过重要作用的WTO多边贸易体制逐步推向边缘化，代之以能发挥发达经济体全球价值链增加值位置竞争优势的新的全球贸易和投资体制。发达经济体构建新的贸易投资规则体系的根本目标是继续强化其在“互联网＋”和“人工智能＋”新产业革命领域的竞争优势，推动全球贸易和投资体制向服务业投资和服务贸易自由化、特别是数字服务业投资和数字服务贸易自由化的方向发展。其标志性的事件是：2009年11月14日美国奥巴马政府宣布参加《跨太平洋后半关系协定》（TPP）谈判；2011年底各主要发达经济体启动《服务贸易协定》（TISA）谈判；以及2013年6月17日，美欧正式宣布启动《跨大西洋贸易与投资伙伴关系协议》（TTIP）谈判。2016年以来，美国和英国要求加快全球贸易投资体制的步伐更为激进，除了英国公投“脱欧”之外，美国特朗普当选总统以后，几乎是马不停蹄地宣布退出TPP、要求就北美自由贸易协定和美韩自由贸易协定重新进行谈判、退出《巴黎协议》等。

二是各发达经济体纷纷启动“再工业化战略”，巩固发达经济体在全球价值链增加值层级中逐步被新兴工业化国家侵蚀的竞争优势。这一再工业化战略的起端可以追溯到2008年国际金融危机后奥巴马政府一系列的制造业振兴计划，如2009年《美国制造业振兴框架》、2010年《美国制造业促进法案》、《2010清洁能源技术制造和出口援助法案》、《2010国家制造业战略法案》、2011年《美国创新战略》，以及2012年奥巴马政府宣布建立“美国制造业创新网络”等。在美国正式启动“再工业化战略”之后，其他主要发达经济体也纷纷闻风而动，宣布各自的“再工业化战略”，如2013年7月德国政府推出的“工业4.0战略”计划、2015年法国政府推出的“新工业法国II版”计划等。

三是发达经济体政府通过采取一系列的非常规措施，引导本国的跨国公司调整其供应链体系的全球生产布局，吸引制造业从新兴经济体回归。最典型的是美国特朗普当选总统以后正在大力推进的一系列政策，如税制改革、行政管理体制改革、基础设施重建计划、强化“买美国货”法律的实施和监督等。即便是与美国存在利益冲突的欧盟和日本，它们在处理中国“非市场经济地位”的基本立场也保持一致。

针对当前发达国家全球价值链调整新动向，以中国为代表的发展中经济体的价值链位置竞争目标也将是依托其占据优势地位的、由加工组装、服务外包、外发型非关键零部件制造、模仿型供应链和集成服务等供应链增加值环节组成的工厂端，往上向供应链、集成服务、关键零部件研发等创新端的渗透，来化解发达经济体"再工业化战略"的压力，提升其在经济全球化发展进程中的话语权和主导权。

一是面对发达经济体推动的全球贸易和投资规则体系重构的巨大压力，新兴经济体在主动适应全球贸易和投资规则发展新趋势的同时，通过 G20、APEC 等平台，积极维护与支持以 WTO 为代表的全球多边贸易体系。因为几乎所有的新兴经济体都强烈意识到，以推进货物贸易自由化为基本目标的 WTO 多边贸易体系是它们取得和巩固全球价值链工厂端竞争优势的基本保证。

二是面对发达经济体的再工业化战略的竞争，发展中经济体也纷纷依托自身在全球价值链工厂端的竞争优势，以价值链升级为目标，制定各自实施价值链升级的战略计划。其中，最有代表性的是中国政府于 2015 年 5 月发布的《中国制造：2025》。

三是过去 20 年的全球价值链份额竞争，带来了来自发达经济体的全球生产布局和财富转移的严重不均衡的后果。广大的发展中经济体是这种不均衡状态的最大受害者。它们迫切要求分享经济全球化的红利、实践中国融入经济全球化的成功经验。为此，中国倡议并积极推动"一带一路"建设，主动拓展全球价值链的覆盖面，将为更多的发展中经济体进入全球价值链工厂端创造必要的条件。

综上分析可见，全球价值链是当前世界贸易和投资发展的主要特征，国际投资显著推动了全球价值链成长，国际投资也导致国家间地位格局发生调整。目前，随着全球价值链的竞争从过去以份额竞争为主的阶段转向以升级竞争为主的阶段，针对主要发达国家战略调整新动向，以中国为代表的发展中国家如何实现在全球价值链上的转型升级已经成为其下阶段参与经济全球化所面临的主要任务与挑战。与此对应，中国等发展中国家的国际投资政策与体制也需适应全球价值链发展新趋势，尽快实现新调整。

2. 国际投资促进发展中国家实现在全球价值链上升级的国际经验

2.1 发展中国家参与全球价值链与“微笑曲线”

就目前在全球价值链上的分工格局来看，全球价值链的推动者主要是行业中处于领导地位的跨国公司，在国际分工新模式中，跨国公司通过对外投资扮演着全球生产和交换“发起者”的角色。其基本特征包括：首先，是全球产品价值链治理结构的主导者。全球价值链的主导者在全球产品制造业高度分工的条件下，主导着全球范围内的制造工序和服务工序，成为产品价值链中治理结构中的主导者。主导者根据全球价值链高度分工，贸易发起者是如何从最终产品制造商（或者关键中间产品制造）中分离出来以及在组织、治理全球价值链的能力。其次，是产品内贸易的决定者。贸易发起者根据不同产品生命周期和不同产品的技术特征，在全球范围内选择不同的中间供应商和组装供应商。由于不同中间供应商和组装供应商处于不同的关境区域，因而不同的选择方式对贸易流向和流量产生影响。尽管贸易发起者本身没有货物贸易，但是由于他们控制了终端的销售，因此，他们也是产品利润分配的决定者。由于贸易发起者控制了产品的概念开发和销售权，因而决定了产品利润在不同供应商之间的利润分配。

与此相对应，广大发展中国家及其企业一般在全球价值链中充当着“执行者”的角色。执行者是执行形成产品过程中的企业主体，在中高技术产品领域，一般为跨国公司在各国的专业制造商，即原始设备供应商（OEM）。在低技术领域，则一般为分散在全世界的各类代工工厂。

由于“发起者”决定着产品的利润分配，全球价值链分工与贸易下的利益分配必然会偏向于“发起者”而非“执行者”。关志雄一个较早期的研究曾引用“微笑曲线”来描述生产个人电脑的各个工序的附加价值特征（见图 B2.1）。在个人电脑方面，上游的办公系统（OS）和微处理器（MPU）与下游的售后服务等工序附加价值较高，而中游的组装工序利润空间变得最小。个人电脑的组装部分，或者其他产业中的加工过程，这些劳动密集型工序由于模块化作业的标准化以及竞争加剧等原因，收益率已经下降。换言之，通过模块化，赚钱的部分和不赚钱的部分以"微笑曲线"化形式表现得非常明显。事实上，这种"微笑曲线"不仅在个人电脑行业等电子技术行业存在，但凡价值链分工下存在着"发起者"与"执行者"，则"发起者"必然会占据利润较高的两端，"执行者"只能从"下颚"处获得增加值的较低部分。如果再考虑到全球价值链下的分工与贸易存在的自我加强趋势，"执行者"就有可能由于技术成长路线被锁定而落入"跟随式"的发展陷阱。

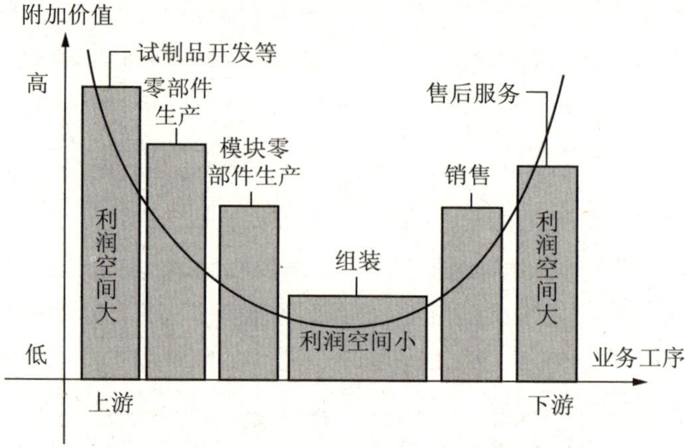

资料来源：[日]关志雄：《模块化与中国的工业发展》，http://www.rieti.go.jp/users/kan-si-yu/cn/c020816.html，2002 年 8 月 16 日。

图 B2.1　微笑曲线

Srholec 也对发展中国家通过参与产品内分工，实现出口增长和结构优化提出了质疑，认为中国等发展中国家高技术产品出口"爆发式"增长实际上是一种"统计假象"，指出这些国家和地区仅在价值链的制造环节实现了专业化，甚至这种专业化也只不过是全球生产片段化的结果，而在价值链制造环节分工地位的日益强化会使发展中国家长期被锁定在价值链低端，即使大规模出口高技术产品也无助于其分工收益的改善。这表明，仅凭非战略性环节上的优势嵌入全球价值链的企业或国家，其在产品内分工中的地位很难维系。

2.2　发展中国家实现在全球价值链上地位攀升的路径与政策

尽管许多研究对发展中国家参与全球价值链实现结构优化持悲观态度，然而，在跨国公司主导的价值链分工体系下，“执行者”仍有可能凭借后发优势，充分利用资本和技术等要素流动中产生的学习机会，获得并累积一定的分工收益，进而提升自身在全球价值链上的分工地位。如表 B2.1 所示，代表性研究就将全球价值链中的产业升级分为四种模式：工艺流程升级（process upgrading）、产品升级（product upgrading）、功能升级（functional upgrading）和链条升级（chain upgrading）。

表 B2.1　全球价值链升级模式

升级模式	具　体　表　现
工艺流程升级	通过重新生产系统或引进先进技术，提高价值链中加工流程的效率。
产品升级	通过引进新产品或改进已有产品比竞争对手更有效率，移向更先进的生产线（增加单位价值）。
功能升级	重新组合价值链中的环节，以提高经济活动的附加值。获得新的功能或放弃已有的功能，增加经济活动的技术含量。例如从生产环节向设计环节和营销等利润丰厚的环节跨越，改变企业自身在价值链中所处的位置。
链条升级	从一条价值链跨越到一条新的、价值量高的相关产业的价值链，企业把在一产业获得的能力应用到另一个新的产业，或转向一个新的全球价值链中。

资料来源：Humphrey，J and Schmitz，H.：Governance and Upgrading：Linking Industrial Cluster and Global Value Chain，*IDS Working Paper 120*，2000.

联合国工业发展组织（UNIDO）这样描述全球价值链的产业升级机制：“全球价值链扩散功能和工艺流程为发展中国家企业提供了改善各种能力的机会。对于发展中国家的企业或企业集群而言，当务之急是将其融入更广泛的系统中去。这就要求有步骤地采取行动，使企业治理达到世界水准。另外，还必须通过有意识的创新和学习获得必要的技术能力。鉴于未来获得市场进入和先进技术的前景，上述努力是值得的。”

在实践中，发展中国家在全球价值链上的升级一般沿循以下路径：参与全球价值链分工最初主要处在购买者驱动价值链的制造环节，随着外资进入和国内技术进步，逐步加入生产者驱动的全球价值链，并向价值链增值幅度更大的环节升级。在这一过程中，发展中国家原本拥有的初级生产要素如自然资源、劳动力不仅得以有效开发利用，而且产品内分工还为其加速高级生产要素（如技术、资本等）积累提供新的渠道。

目前，为应对日益加剧的国际竞争，跨国公司加快了业务整合和组织结构调整,对传统制造和服务业务实行剥离,转包给低成本的专业公司或供应商,以强化自身的核心竞争力。这些供应商与传统的贴牌生产商相比,可为不同客户服务,因而其设备利用率和专业化水平较高,不仅实现了规模经济,而且还具备一定的技术和产品研发能力,可以为客户开发新产品,或对产品进行性能和制造工艺改进,并承担相关的金融、物流以及技术支持等售后服务等业务。在日益深化的新型国际分工体系中,拥有低成本、大规模制造或服务能力的供应商也可以在全球价值链中占据一席之地。

同时,随着自身生产组织、产品设计、创新水平以及服务能力提高,大型专业化供应商的谈判地位进一步改善,进而与行业的领导企业之间建立新型的战略关系,包括长期合同、战略联盟等。从这一角度来看,不论是主动"嵌入"全球价值链的特定环节还是受制于要素条件而被动地接入产品内分工体系,后起国家的"执行者"们如果充分发挥后发优势,利用学习机会,也是有可能产生更多的溢出效应,不断积累、增强在全球分工网络中的主导权,并由特定环节的突破升级转向价值链条的升级。

联合国贸发组织的研究显示,当发展中国家不断提高其在全球价值链参与程度时,往往伴随着中间商品的出口增加,零部件和服务需求增加,同时加工出口的重要性日渐凸显。而当其对全球价值链的参与达到较高程度后,那些致力于增加全球价值链上国内增加值的发展中国家,其高附加值产品和服务出口将实现增长或其在价值链高端的份额将有所突破。在许多国家,包括中国、马来西亚、菲律宾和新加坡,这种出口升级模式使得 FDI 涌入价值链相邻高增值环节和高技术含量的活动。在个别国家如泰国,其链内较高附加值环节具有竞争力的出口产品的国内生产能力也会得到快速发展。

由此而言,从长期来看,通过积极吸引国际投资,参与全球价值链,发展中国家应当可以培养生产能力并实现在全球价值链上的提升。然而,潜在的长远发展和全球价值链的利益不会自动产生。在国家层面,成功的全球价值链升级路径不仅要求更高的全球价值链参与度,还包括较高的国内附加值创造,从资源型产品出口转向技术型产品出口等。上述过程可以通过利用从较低端的全球价值链拓展到更高端全球价值链来实现,也需要依靠积极的政策举措来帮助达成。

图 B2.2 列出若干有利于发展中国家攀登全球价值链发展阶梯的因素和条件,这为发展中国家制定相关政策提出了借鉴和建议。首先,由图 B2.2 可见,在全球价值链攀升的每一个阶梯上,都有许多因素和条件需要引起发展中国家政策制定者的重视和关注。其中,在第一阶段,发展中国家的主要目标应当是通过开放更加深刻地融入全球价值链,增加中间产品和服务的出口,该阶段其国内价值创造则将可能出现下降趋势，相关促进政策与举措则主要包括大量低成本劳动力的供给、基础设施建设、良好的贸易投资环境等。其次，伴随着参与全球价值链程度的日益加深，发展中国家开始关注产品和流程的升级，其国内价值创造趋势也开始发生逆转，在这一阶段，关键性的推动因素和路径也开始发生变化。最后，在第二阶段的基础上，发展中国家将会更加关注本国产业在功能和产业链上的持续升级，出口主导产业也将扩展到全球价值链的高附加值部分，其国内价值创造能力进一步提升，关键性举措和扶持政策选择相较第一阶段和第二阶段也将发生巨大改变。

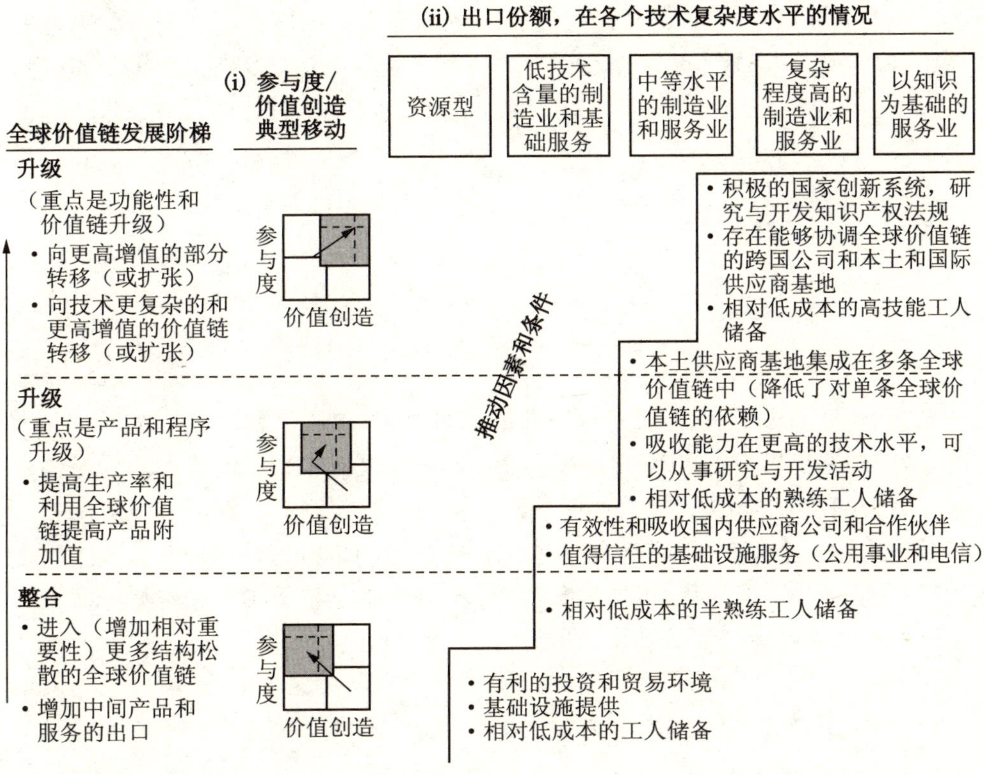

资料来源：UNCTAD：World Investment Report 2013-GVCs：Investment and Trade for Development，2013.

图 B2.2　有利于攀登全球价值链发展阶梯的因素和条件

3. 中国积极吸收外国投资，实现在全球价值链上发展之回顾

改革开放以来，中国经济的发展较好地契合了全球价值链分工与贸易的发展趋势。在商品和资本流动自由化程度不断提高，但劳动力跨国配置障碍依然存在的情况下，依靠吸收国际投资，中国的比较优势与后发优势在不断地对外开放中得到了较为充分的释放。由此，中国也成为发展中国家积极吸收外国投资，实现在全球价值链上升级发展之典型代表，相关政策经验也值得总结和借鉴。

3.1 中国“三位一体”的吸收外资政策实践及其效绩评价

自 20 世纪 80 年代初实施对外开放战略以来，在逐步融入经济全球化的过程中，中国逐步形成了一套中国特色的吸收外资政策体系。该政策体系主要由吸收外资的监管政策体系、激励政策体系和导向政策体系三大部分组成。三大类政策构成一个完整的政策体系，有力地推动了中国吸收外资进程，并使中国在短短不到 30 年的时间里，迅速崛起为“世界制造业中心”，在全球价值链的工厂端占据了巨大的竞争优势和主导地位。

3.1.1 吸收外资的监管政策

(1) 相关政策的回顾

二战后，利用外资成为发展中国家促进国民经济发展和推进对外开放的一个重要手段。自 20 世纪 80 年代初实施对外开放战略以来，利用外资也成为中国对外开放的基本国策和开放型经济体制的重要组成部分，在经济发展和深化改革进程中发挥了积极作用。由此，不断通过深化市场开放积极引进外国投资也成为中国长期以来吸收外资监管政策的主基调，且随时代发展不断与时俱进并调整：

一是 20 世纪 80 年代吸收外资并以出口激励为主的加工贸易阶段。20 世

纪 80 年代，中国刚刚经过“文化大革命”，百废待兴。党和国家的工作重心转移到经济建设上来以后，开始启动对计划经济体制的改革。在整个 80 年代最迫切的问题是要解决资金和外汇的短缺。为此，国家的外资政策注重弥补资金缺口，主要表现为通过成立外资管理的专门机构，提供制度支持，设立经济特区以及实行特殊灵活和优惠的外资政策和外商税收优惠。具体包括启动了以出口加工贸易政策（来料加工、来件装配、补偿贸易）和特殊功能区集聚政策（深圳、珠海、厦门、汕头、海南）为主的吸收外资政策，促进东南亚地区加工贸易产业向我国沿海珠江三角洲地区的大规模转移，开启了我国推进对外开放战略的进程。

二是 20 世纪 90 年代依托外资奠定我国在全球价值链工厂端地位的阶段。20 世纪 90 年代，世界经济进入“新全球化”阶段，发达经济体向新兴经济体的制造业转移和知识扩散的速度加快。我国在继续完善出口加工贸易政策的同时，不失时机地启动了出口退税政策、规范了对外商投资企业的所得税优惠政策，并以上海浦东开发开放为标志，大大提升了外资企业向特殊功能区集聚的力度。这一阶段吸收外资政策的实施，推动了发达国家跨国公司的全球供应链布局向我国长江三角洲地区的延伸，我国开始显示出在全球价值链工厂端的重要性。

三是 21 世纪初大力引进外资全面融入全球价值链阶段。进入 21 世纪，加入 WTO 为我国全面融入经济全球化打开了大门。随着我国全面落实对 WTO 的承诺，并对外商投资企业的土地使用方式进行了规范，外商投资企业开始能够以出让方式取得土地使用权。这一阶段吸收外资政策的实施，大大优化了我国外商投资的环境，跨国公司的制造业和服务业全球供应链布局以空前的速度和规模向我国延伸，奠定了我国在全球价值链工厂端的主导地位。与此同时，我国还借势推出吸收外资的区域梯度推进政策。1999 年，我国启动西部大开发战略、2002 年启动振兴东北计划、2005 年成立天津滨海新区。

四是 2008 年国际金融危机以来逐步调整外资监管政策的优化发展阶段。国家的外资政策转向注重科学弥补技术、管理等多重缺口，目标是实现“引进来”和“走出去”双向协调科学发展。这是在政府主导下，利用市场以及国际准则，综合运用法律、经济、技术和必要的行政手段，与跨国公司良性互动。为此，2011 年、2015 年、2016 年分别进行《外商投资产业指导目录》的修订工作；2013 年在启动中美 BIT 谈判以后，进一步规范外资企业管理，开展外商投资市场准入的“负面清单”试点等；2015 年 1 月国家商务部还公布了《中华人民共和国外国投资法（草案征求意见稿）》（以下简称《外国投资法（草案征求意见稿）》）。该草案征求意见稿对国家安全审查内容作出了较为全面性的规定，预示着中国对外国投资国家安全审查制度建设实现了历史性的跨越。

(2) 政策效绩评估

① 我国前期吸收外资主要以制造业为服务对象,客观上促成了我国“世界工厂”地位的形成。

通过前面对改革开放以来我国吸收外资政策的梳理可见,我国与吸收外资相关政策的设计主要以制造业为服务对象,经过几十年的发展,客观上促成了我国“世界工厂”地位的形成。1978 年中国实施改革开放政策以来,制定了许多制造业方面的招商引资政策,大力促进外商技术、资本和先进管理方式涌入中国制造业。典型的如 1983 年《中华人民共和国中外合资经营企业法实施条例》中的第一章第四条规定申请设立的合营企业应注重经济效益,符合下列一项或数项要求,要求包括采用先进技术设备和科学管理方法,能增加产品品种,提高产品质量和产量,节约能源和材料;又如 1986 年国务院关于鼓励外资的规定中第二条规定:国家鼓励外国的公司、企业和其他经济组织或者个人(以下简称“外国投资者”),在中国境内举办中外合资经营企业、中外合作经营企业和外资企业(以下简称“外商投资企业”)。国家对下列外商投资企业给予特别优惠:第一是产品主要用于出口,年度外汇总收入额减除年度生产经营外汇支出额和外国投资者汇出分得利润所需外汇额以后,外汇有结余的生产型企业(以下简称“产品出口企业”);第二是外国投资者提供先进技术,从事新产品开发,实现产品升级换代,以增加出口创汇或者替代进口的生产型企业(以下简称“先进技术企业”)。在上述外资政策导向的推动下,不仅中国制造业工业产值快速提升,劳动生产率上升明显,还增加了就业,提升了国民生活水平。

大量研究就显示,1985 年到 2008 年间中国制造业发展迅速,尤其是 1992 年以来中国加快改革开放步伐,充分利用了全球经济转移的浪潮,吸引大量外资流入中国。1985 年中国实际吸收外资仅 19.56 亿美元,2008 年实际吸收外资则达到 923.95 亿美元,其中制造业实际吸收外资 498.95 亿美元,占实际吸收外资额的 54%;2015 年实际吸收外资上涨到 1 262.67 亿美元,制造业实际吸收外资 395.4 亿美元,占实际吸收外资额的 31.32%。虽然目前中国制造业实际吸收外资占比不断减小,但制造业曾长期在我国吸收外资中占比较高。

② 外商直接投资显著促进了中国的技术进步、工业生产能力提升和就业的增加。

回顾历史实践,外商直接投资的引入显著促进了中国的技术进步、工业生产能力提升和就业的增加,中国以制造业为主要对象的招商引资政策不仅推动了中国经济社会发展,也促进了中国融入全球价值链,奠定了中国的“世界工厂”地位。

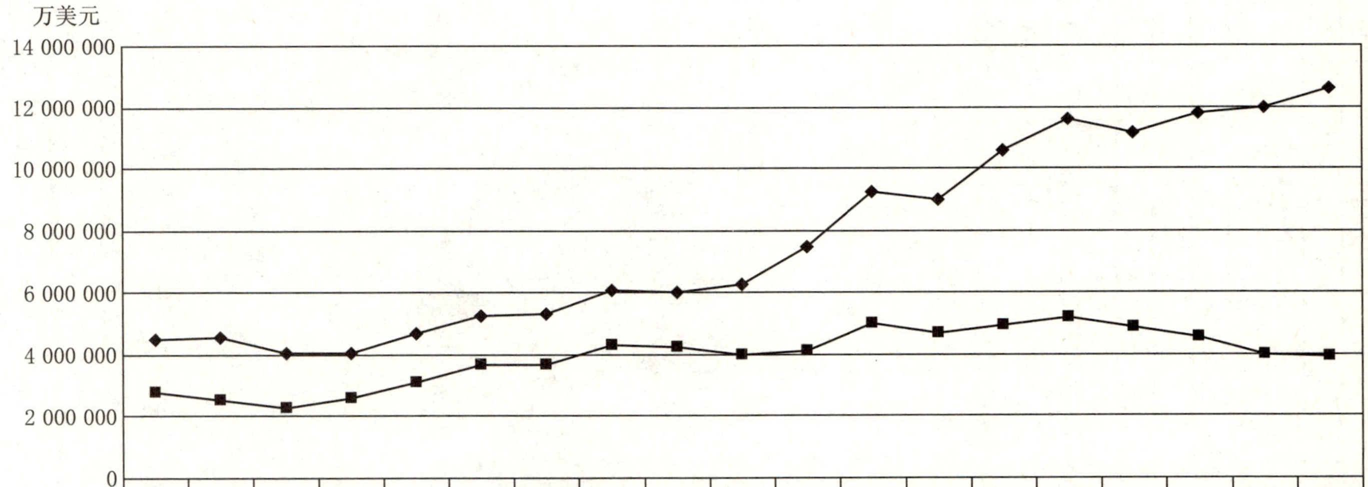

	1997年	1998年	1999年	2000年	2001年	2002年	2003年	2004年	2005年	2006年	2007年	2008年	2009年	2010年	2011年	2012年	2013年	2014年	2015年
◆实际利用外商直接投资金额	4 525 700	4 546 300	4 031 900	4 071 500	4 687 800	5 274 300	5 350 500	6 063 000	6 032 500	6 302 100	7 476 800	9 239 500	9 003 300	10 573 500	11 601 100	11 171 600	11 758 600	11 956 200	12 626 660
■制造业实际利用外商直接投资金额	2 811 983	2 558 238	2 260 334	2 584 417	3 090 747	3 579 998	3 693 570	4 302 000	4 245 291	4 007 671	4 086 482	4 989 483	4 677 146	4 959 058	5 210 054	4 886 649	4 555 498	3 993 872	3 954 290

资料来源:根据中华人民共和国统计局网与全国国民经济和社会发展统计公报整理。

图 B3.1　中国实际利用外商直接投资与制造业实际利用外商直接投资

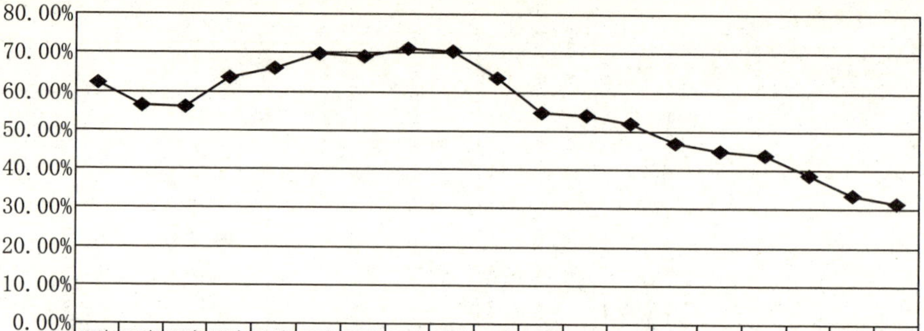

	1997年	1998年	1999年	2000年	2001年	2002年	2003年	2004年	2005年	2006年	2007年	2008年	2009年	2010年	2011年	2012年	2013年	2014年	2015年
制造业占全部实际利用外资比重（%）	62.13%	56.27%	56.06%	63.48%	65.93%	69.77%	69.03%	70.95%	70.37%	63.59%	54.66%	54.00%	51.95%	46.90%	44.91%	43.74%	38.74%	33.40%	31.32%

资料来源：根据中华人民共和国统计局网与全国国民经济和社会发展统计公报整理。

图 B3.2　制造业占全部实际利用外资比重

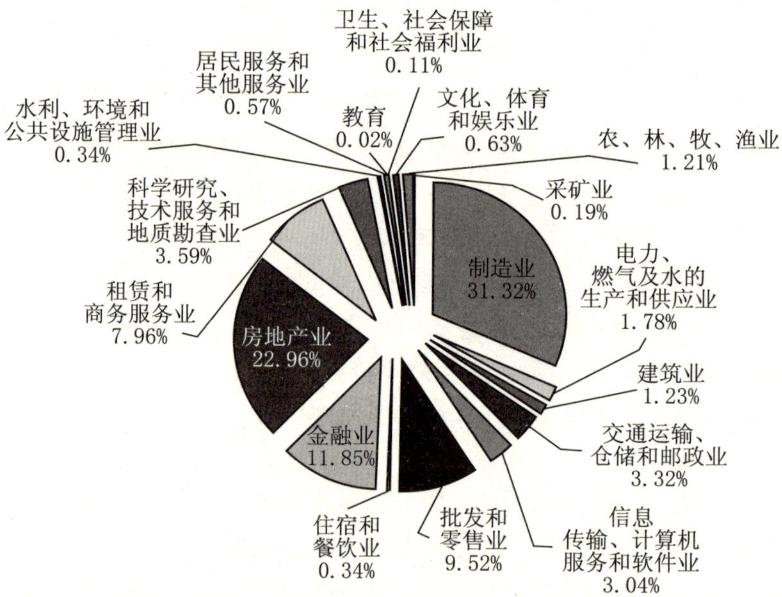

资料来源：中华人民共和国商务部网站。

图 B3.3　2015 年中国实际使用外资比重

由图 B3.4 可见，从 1978 年到 2014 年中国工业增加值上涨迅速，尤其是 1992 年深化改革开放之后中国工业增加值的提升速度大幅增加，以 1978 年为基期，中国 2015 年工业增加值指数为 4 789.4，上涨四千余倍。根据工信部的数据显示，2014 年我国工业增加值达到 22.8 万亿元，占 GDP 的比重达到 35.85％。2013 年我国制造业产出占世界比重达到 20.8％，连续 4 年保持世界第一大国地位。在500余种主要工业产品中，我国有220多种产量位居世界第一。①

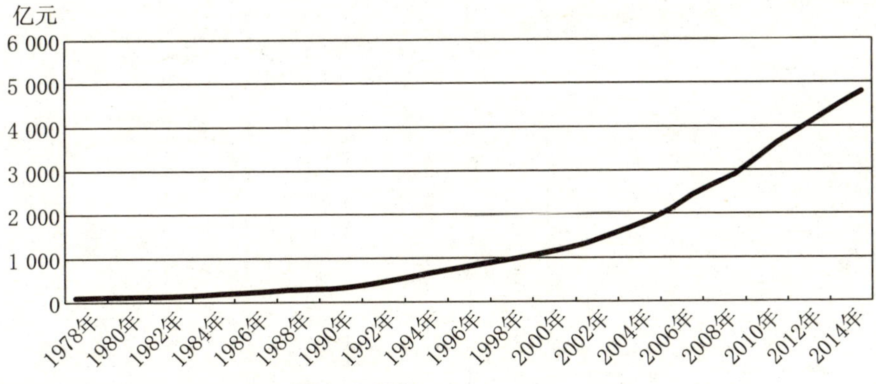

资料来源：中华人民共和国统计局网站。

图 B3.4 中国工业增加值指数

从图B3.5与图B3.6可见，1990年到2011年间外商直接投资企业工业产值占全国工业总产值比重总体呈现上升趋势，外商投资企业工业产值较全国工业总产值在1990年到2003年间上升幅度较大，2003年以后外商投资企业工业产值与全国工业总产值之间的距离逐渐增大，2011年外商投资企业工业产值223 286.9亿元，全国工业总产值为855 136.5亿元，外商直接投资企业工业产值占全国工业总产值比重为26.11%。

此外，许多学者利用宏观或行业数据，运用多种实证方法分析了中国外商投资对制造业发展的影响和效应，大多数研究对外商投资在中国制造业的作用持肯定态度。

其中，在推动制造业增长方面，长三角是中国利用国际直接投资最多地区的之一，有研究②用实证的方法从不同方面讨论了外商投资对长三角工业制造业基地建设的促进作用，并认为外商投资对于中国扩大工业制造业整体规模，提升制造业的整体水平具有重要的推动作用，客观提高制造业占国民经济比重。

在就业的影响方面，国家统计局统计显示，外商投资单位的就业人员随外商投资的增多而不断增多，2000年外商投资单位的城镇就业人员仅有332万人，到2015年上涨到1 446万人，上涨了约3倍，在城镇就业总人数的占比也不断

① 《中国制造2025》解读之二：我国制造业发展进入新的阶段，工信部网站，www.miit.gov.cn/n1146295/n1652858/n1653018/c3780661/content.html。

② 张为付、张二震：《FDI与长江三角洲制造业发展的实证研究》，《世界经济与政治论坛》2005年第5期，第54—58页。

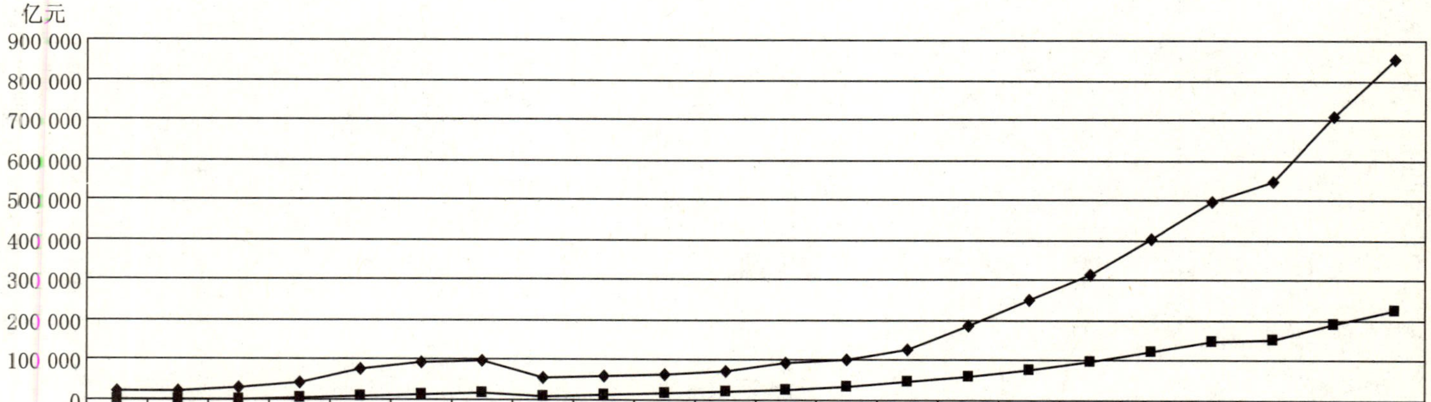

	1990年	1991年	1992年	1993年	1994年	1995年	1996年	1997年	1998年	1999年	2000年	2001年	2002年	2003年	2004年	2005年	2006年	2007年	2008年	2009年	2010年	2011年
◆ 全国工业总产值	19 701.04	23 135.56	29 149.25	40 513.68	76 867.25	91 963.28	99 595.55	56 149.7	58 195.23	63 775.24	73 964.94	94 751.78	101 198.73	128 306.14	187 220.66	249 625	315 630.14	404 489.06	496 248.67	546 320.04	707 772.2	855 136.5
■ 外商投资企业工业产值	448.95	1 223.32	2 065.59	3 704.35	8 649.39	13 154.16	15 077.53	10 427	14 162	17 696	23 145.59	26 515.66	33 771.09	46 019.55	58 847.08	78 399.4	99 420.83	125 036.94	147 584.3	152 673.6	191 792.8	223 286.9

资料来源:中国外资统计 2013。

图 B3.5 外商投资企业工业产值与全国工业总产值

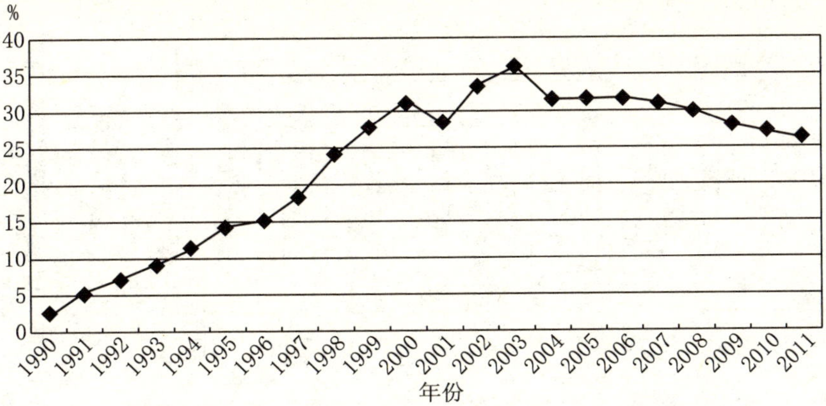

资料来源:中国外资统计 2013。

图 B3.6　外商投资企业工业产值占全国工业总产值比重

上升,从 1.43%上涨到 2015 年的 3.58%。值得关注的是,2013 年后,外商投资单位城镇就业人数开始出现下降,反映了我国外资企业调整新动向。

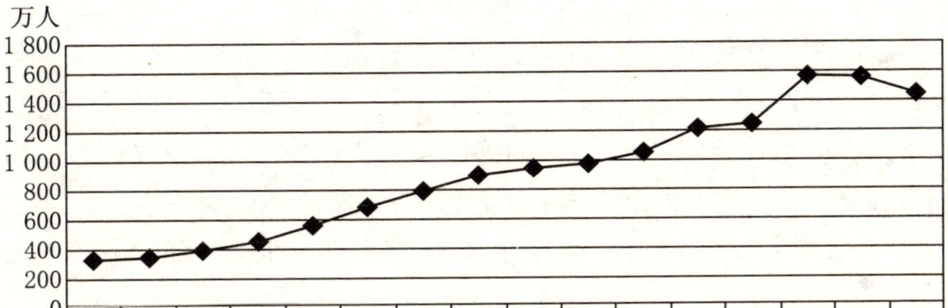

	2000年	2001年	2002年	2003年	2004年	2005年	2006年	2007年	2008年	2009年	2010年	2011年	2012年	2013年	2014年	2015年
外商投资单位城镇就业人员	332	345	391	454	563	688	796	903	943	978	1 053	1 217	1 246	1 566	1 562	1 446

资料来源:中华人民共和国统计局网站。

图 B3.7　外商投资企业城镇就业人员

相关统计也显示,在工业企业中,外商投资企业与港澳台投资企业 2010 年吸收就业人数达到最大值 2 646 万人,具体见图 B3.8。此后,从 2010 年起到 2014 年间外商投资与港澳台投资工业企业的就业人数呈现小幅下降趋势。这也表明外资工业企业就业人数的下降要早于在城镇就业人数的下降。

在利用外资的技术溢出效应方面,有研究①利用中国制造业 14 291 家企业

① 亓朋、许和连、艾洪山:《外商直接投资企业对内资企业的溢出效应:对中国制造业企业的实证研究》,《管理世界》2008 年第 4 期,第 58—68 页。

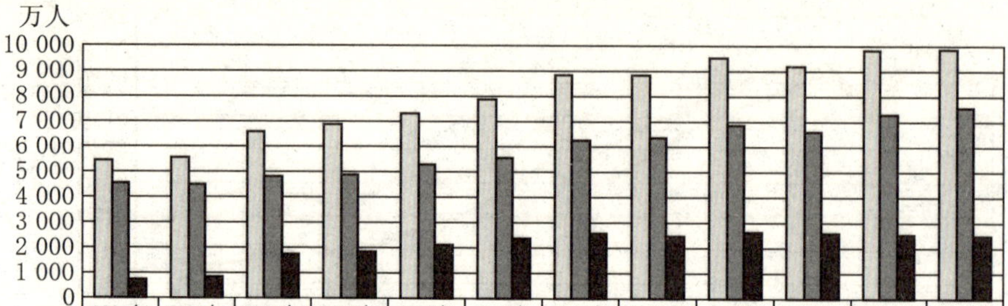

	2001年	2002年	2004年	2005年	2006年	2007年	2008年	2009年	2010年	2011年	2013年	2014年
全部从业人员	5 441.43	5 520.66	6 622.09	6 895.96	7 358.43	7 875.2	8 838	8 831	9 545	9 167.29	9 791.46	9 977.21
内资企业	4 502.44	4 466.33	4 866.83	4 996.32	5 240.33	5 522.15	6 258	6 381	6 899	6 593.15	7 255.39	7 504.83
外商投资企业与港澳台投资企业	751.36	822.7	1 755.26	1 899.64	2 118.09	2 353.04	2 580	2 450	2 646	2 574.14	2 536.08	2 472.37

资料来源：历年中国工业统计年鉴与中国工业经济统计年鉴数据整理。

图 B3.8 工业企业分类型就业人数

1998—2001 年的面板数据，考察了行业内、行业间以及地区间外商直接投资企业对内资企业的溢出效应，他们认为行业间外资企业通过人员培训效应或人员的流动对内资企业产生了显著的技术外溢；地区间外资企业通过示范效应和竞争效应对内资企业产生了明显的外溢效应。

在利用外资促进创新方面，有研究①利用中国 2003—2012 年 28 个制造行业面板数据，运用 GMM 估计法发现中国利用外资引进技术是提升制造业自主创新能力的较优方式，购买技术则抑制了自主创新能力，模仿效应提升自主创新能力的作用最大，竞争效应提升自主创新能力的作用较小。

③ 我国吸收外资主要以绿地投资为主，对间接投资和并购投资的吸收较少。

我国前期的外资政策设计主要集中在直接投资、特别是绿地投资的领域，成为目前外资企业在制造业中占比较高的重要原因。但是，与此同时，我国前期间接投资和跨国并购在吸收外资中比例较低，与国际趋势总体不符。

“绿地投资”是相对于跨国并购与间接投资的一种投资方式，其又称创建投资，是指跨国公司等投资主体在东道国境内依照东道国的法律设置的部分或全部资产所有权归外国投资者所有的企业。回顾我国外资政策实践，中国在改革初期主要是鼓励外商进行绿地投资，而从法律的制定上看来主要是三资企业法，即《中外合资经营企业法》、《外资企业法》和《中外合作经营企业法》。此外，在各种指导性意见中也经常可以见到鼓励外商绿地投资的政策方针，如 2007 年《商

---

① 汤萱：《技术引进影响自主创新的机理及实证研究——基于中国制造业面板数据的实证检验》，《中国软科学》2016 年第 5 期，第 119—132 页。

务部办公厅关于2007年全国吸收外商直接投资工作指导性意见》继续鼓励跨国公司在中国设立地区总部、采购中心、物流中心、营运中心、培训中心。而外资并购的相关法律则多散见于国务院各部委颁布的行政性规章和规范性文件，如《关于外国投资者并购境内企业的规定》、《反垄断法》和2009年公布的《国务院关于经营者集中申报标准的规定》，而对并购的鼓励性政策则相对绿地投资起步较晚较少。由于中国在政策上鼓励外商通过技术、先进设备等对中国制造业进行绿地投资，因而外国投资者在中国投资主要以绿地投资为主，跨国并购在中国吸收外资的比重较低。

具体而言，对应于中国前期更加重视外商直接投资，中国实际使用的外商其他投资中以股权、债权等形式进行的投资较少。根据国家统计局的数据，从流量上看，中国实际利用的外商直接投资要远高于实际利用的外商其他投资，尤其是2005年到2011年间中国实际利用的外商直接投资迅速增长。

由图B3.9可见，中国实际利用的外商直接投资与其他投资差距随时间推移而逐渐扩大，2014年实际利用的外商其他投资额仅为1.44亿美元，远低于中国实际利用的FDI为1 195.62亿美元。这也表明外商其他投资额在中国实际利用外资中所占的比例极少。

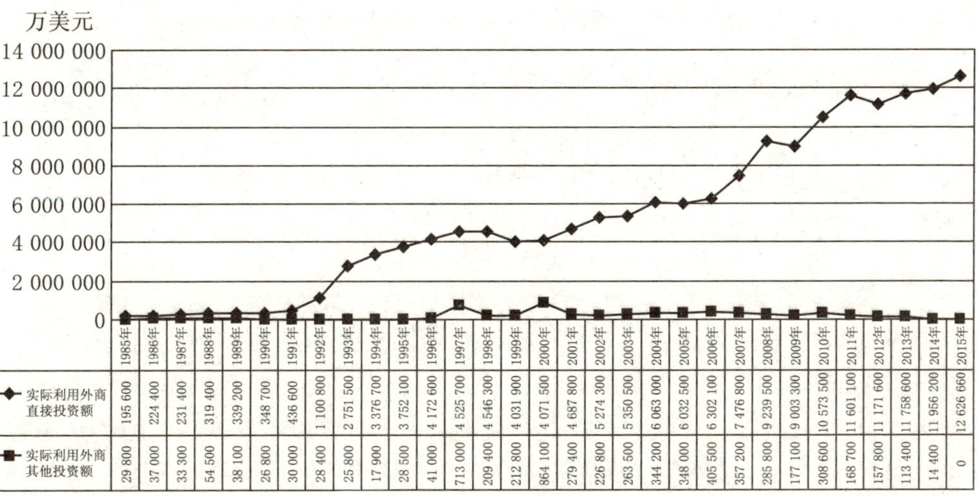

	1985年	1986年	1987年	1988年	1989年	1990年	1991年	1992年	1993年	1994年	1995年	1996年	1997年	1998年	1999年	2000年
◆实际利用外商直接投资额	195 600	224 400	231 400	319 400	339 200	348 700	436 600	1 100 800	2 751 500	3 376 700	3 752 100	4 172 600	4 525 700	4 546 300	4 031 900	4 071 500
■实际利用外商其他投资额	29 800	37 000	33 300	54 500	38 100	26 800	30 000	28 400	25 800	17 900	28 500	41 000	713 000	209 400	212 800	864 100

	2001年	2002年	2003年	2004年	2005年	2006年	2007年	2008年	2009年	2010年	2011年	2012年	2013年	2014年	2015年
◆实际利用外商直接投资额	4 687 800	5 274 300	5 350 500	6 063 000	6 032 500	6 302 100	7 476 800	9 239 500	9 003 300	10 573 500	11 601 100	11 171 600	11 758 600	11 956 200	12 626 660
■实际利用外商其他投资额	279 400	226 800	263 500	344 200	348 000	405 500	357 200	285 800	177 100	308 600	168 700	157 800	113 400	14 400	0

注：1. 数据由商务部提供。从2001年起，外商投资合同金额和实际使用外资额均不包括对外借款。

2. 外商其他投资的“其他”项中含当年对外发行股票额、债权等外商投资中除去直接投资部分。

资料来源：中华人民共和国统计局网站，http://www.stats.gov.cn/。

图B3.9　中国历年吸收外资中直接投资与其他投资变化

另外,通过对中国与美国吸引外资数据的比较(见图 B3.10)可见:一是不论从吸引外商直接投资还是外商其他投资来看,中国都要少于美国;二是与中国不同,美国吸收的外商其他投资额要远高于直接投资额;三是目前中国与美国吸引外商间接投资较直接投资在累计量上差异更大。

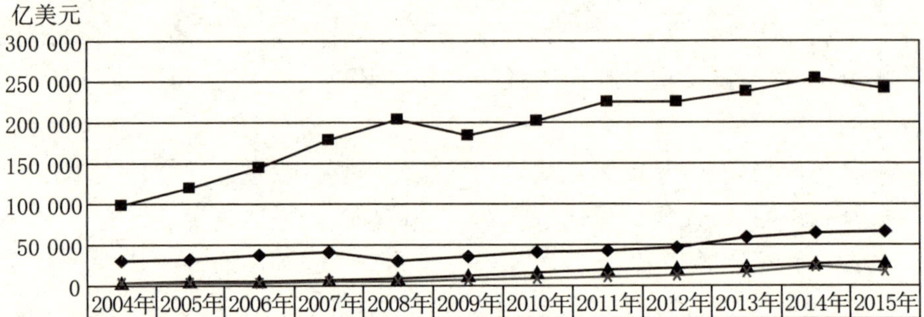

	2004年	2005年	2006年	2007年	2008年	2009年	2010年	2011年	2012年	2013年	2014年	2015年
美国外商直接投资	31 014.5	32 271.44	37 526.02	41 342.39	30 912.4	36 186.3	40 990.97	41 992.25	46 624.34	58 149.35	63 500.52	65 438.09
美国外商其他投资	98 509.45	119 877.2	144 657.3	178 497.6	203 274.8	184 354.6	201 805.2	224 646.7	224 180.3	237 024.9	254 136.3	240 776
中国外商直接投资	3 690	4 715	6 144	7 037	9 155	13 148	15 696	19 069	20 680	23 312	25 991	28 423
中国外商其他投资	2 837	3 441	4 359	5 244	5 474	6 316	8 612	11 392	12 787	16 589	22 364	17 802

注:此处的外商其他投资是减去外商直接投资以外的所有投资,包括证券、金融衍生品、贸易信贷等外商投资,被用于反映间接投资。

资料来源:美国经济分析局与国家外汇管理局网站。

图 B3.10　历年美国与中国吸收外商其他投资与直接投资累计量的对比

在直接投资方面,根据商务部统计数据,2015 年中国绿地投资交易占外资项目总数的 94.5%,交易金额占中国实际吸收外资总额的 85.9%。从图 B3.10 可见,目前绿地投资占实际吸收外资的比重正呈现出逐步减少的趋势,从 2004 年的 99.46%逐渐减少到 2015 年的 85.93%。

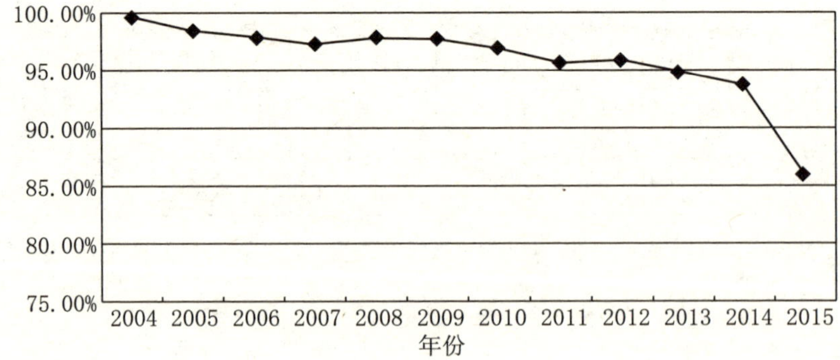

资料来源:根据 2016 中国外商投资报告数据整理。

图 B3.11　2004—2015 年中国绿地投资占实际吸收外商直接投资的比例

具体而言，对中国实际吸收外商直接投资与绿地投资的比较（见图 B3.12）可见，外商在中国的绿地投资额与中国实际吸收直接投资在早期都经历了显著的上升，但近年来其增长态势发生了分化，其中外商实际直接投资基本维持了稳中有升的态势，但绿地投资部分则呈现出增长下行的趋势，其中的差异表明跨国并购在中国实际吸收外资中的重要性在不断上升。

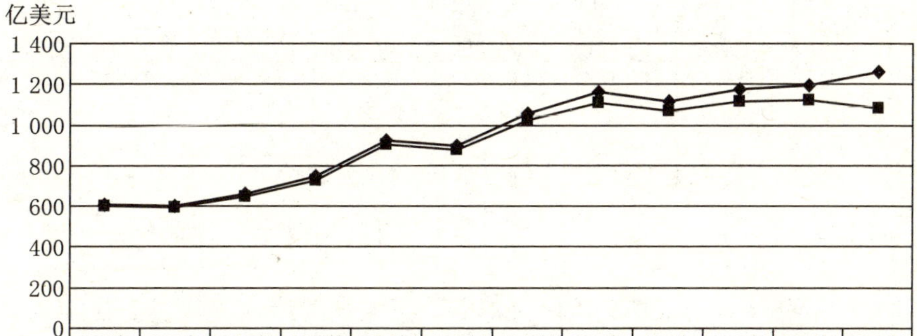

	2004年	2005年	2006年	2007年	2008年	2009年	2010年	2011年	2012年	2013年	2014年	2015年
◆ 实际使用外资额	606.3	603.25	658.21	747.68	923.95	900.33	1 057.35	1 160.11	1 117.16	1 175.86	1 195.62	1 262.67
■ 绿地投资	603	593.85	644.01	726.88	903.15	878.73	1 024.85	1 111.11	1 071.56	1 113.86	1 120.62	1 084.97

资料来源：根据 2016 中国外商投资报告数据整理。

图 B3.12　2004—2015 年中国实际吸收外商直接投资与绿地投资流量

在实践中，并购是跨国投资，特别是发达国家利用外资和对外投资的重要形式。2007 年跨国并购金额超过 1 万亿美元，曾占全球跨国投资的一半以上。受国际金融危机影响，跨国并购所占比重明显下降，2010 年全球跨国并购增长 36%，恢复到 3 390 亿美元，仅占全球跨国投资的 27.3%；2012 年全球跨国并购下滑到 3 081 亿美元，占当年全球跨国投资的 22.8%。①

2015 年，中国外商投资中跨国并购的金额为 96.6 亿美元，远小于美国外商投资中跨国并购的金额 2 987.39 亿美元的水平（见图 B3.13）。就前期我国吸收外资情况来看，利用外资一直以绿地投资为主，但随着我国对外开放的进一步深化，并购也应成为我国未来利用外资的重要形式。

3.1.2　吸收外资的激励政策

（1）相关政策回顾

改革开放以来，中国实施的吸收外资税收优惠及便利化政策可分为直接的

① 王海峰：《新形势下提高我国利用外资质量和水平的战略思考》，《国际贸易》2014 年第 1 期，第 41—44 页。

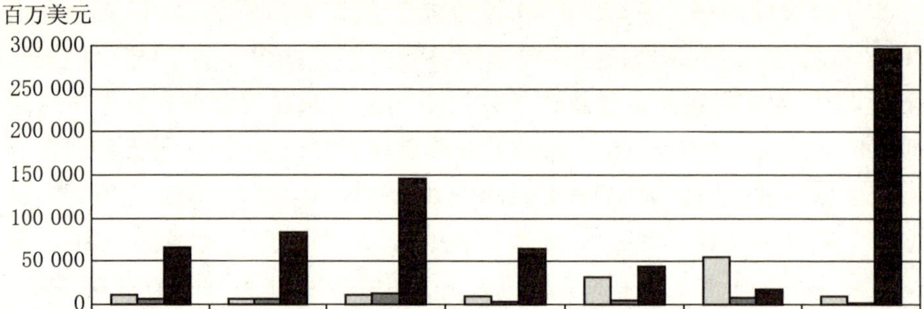

	2009年	2010年	2011年	2012年	2013年	2014年	2015年
□中国	11 017	6 758	11 501	9 524	31 066	54 913	9 660
■印度	5 877	5 613	12 795	2 805	4 644	7 545	1 407
■美国	65 830	84 344	146 144	64 752	43 424	17 520	298 739

图 B3.13　中、美、印等国外商投资中跨国并购金额

激励政策和间接的激励政策两大部分。直接的激励政策主要是法定的，以外资企业为对象的企业所得税优惠政策。间接的激励政策主要为加工贸易政策、出口退税政策、进口设备关税优惠等边境税便利化或优惠政策。

一是企业所得税优惠政策（1991—2008 年）。1991 年 7 月实施的《中华人民共和国外商投资企业和外国企业所得税法》规定："国家按照产业政策，引导外商投资方向，鼓励举办采用先进技术、设备，产品全部或者大部分出口的外商投资企业。"其中，第八条明确规定："对生产性外商投资企业，经营期在十年以上的，从开始获利的年度起，第一年和第二年免征企业所得税，第三年至第五年减半征收企业所得税等。"此后，中国长期存在内外资企业两种税制的情况。2008 年，中国新企业所得税法公布，标志着中国结束了内外资两种所得税制度，实现"两税合一"采用统一的所得税税率 25%，老的外资企业可享受 5 年的过渡期照顾。外资企业在过渡期后，也失去原来享有的"二免三减半"税收优惠政策。

二是加工贸易政策（1978 年至今）。出口加工贸易政策本质上是一种边境税便利化政策。该政策先后经历了以"三来一补"为主要方式的"起步"阶段（1978—1987 年）；国家实施"以进养出"，给予加工贸易财税优惠政策的"积极鼓励"阶段（1988—1994 年）；为规范加工贸易发展，对其"加强监管"阶段（1995—2006 年）和为降低高额贸易顺差，限制加工贸易发展的"政策收紧"阶段（2007 年至今）。其中，在"积极鼓励"阶段（1988—1994 年），通过给予加工贸易财税优惠，放宽限制等措施实现"以进养出"的贸易战略；进入"加强监管"阶段（1995—2006 年）后，政府规范并加强了对加工贸易发展的监管，贸易政策逐渐收紧，进入"政策收紧"阶段（2007 年至今），巨额贸易顺差促使政策收紧，以 2007 年为代表，国家集中出台加工贸易产品出口退税调整、加工贸易限制类商品实行银行保证金台账实转管理等抑制加工贸易发展的财税政策。

三是出口退税政策（1985年至今）。1985年，国务院《关于对出口产品征、退产品税或增值税的规定》的发布，标志着中国出口退税制度的正式确立，但此时，与出口退税政策相适应的税收体制尚未完全建立。1994年，中国进行了税收制度重大改革，增值税成为主要税种，开始形成完整和稳定的出口退税体制。1994年以后，一方面，综合出口退税率水平根据中国出口增长的波动情况、国家财政的负担能力以及宏观经济调控的需要进行阶段性的调整；另一方面，从2004年开始，逐步把1994年以来采取的出口退税“中性原则”转变为结构性差别退税的“非中性原则”。自此，出口退税政策逐步由一种出口激励政策转变为一种产业导向政策。

四是进出口设备关税优惠政策（1997年至今）。1999年公布的《海关总署关于进一步鼓励外商投资有关进口税收政策的通知》规定，对已设立的鼓励类和限制乙类外商投资企业、外商投资研究开发中心、先进技术型和产品出口型外商投资企业技术改造，在原批准的生产经营范围内进口国内不能生产或性能不能满足需要的自用设备及其配套的技术、配件、备件，可按《国务院关于调整进口设备税收政策的通知》的规定免征进口关税和进口环节税。同时规定，外商投资设立的研究开发中心在投资总额内进口国内不能生产或性能不能满足需要的自用设备及其配套的技术、配件、备件，可按《国务院关于调整进口设备税收政策的通知》的规定免征进口关税和进口环节税。该通知1997年12月29日实施，现在仍然有效。

五是土地利益让渡政策（1979年至今）。外商投资企业用地在中国最早实行有偿使用。《中外合资经营企业法实施条例》（1983年发布）明确合营企业使用的场地要与土地主管部门签订场地使用合同方式取得，合同要明确用途、期限和场地使用费。其后颁布的《中外合作经营企业法》、《外资企业法实施条例》及其实施细则均有类似的规定。

1988年《城镇土地使用税暂行条例》颁布后，财政部发文明确外商投资企业不适用该条例，即不征收土地使用税，继续征收场地使用费。1990年国务院55号令和56号令公布后，很多外商投资企业以出让方式取得了土地使用权，但财政部随后又发文明确外商投资企业以出让方式取得的土地使用权仍要继续缴纳场地使用费。对此，外商投资企业反映强烈，1999年8月国办发[1999]73号文件则明确以出让方式取得土地使用权的外商投资企业，不再缴纳场地使用费。按照上述法规，外商投资企业用地全面实行有偿使用。其中，在1990年国务院

55 号令和 56 号令颁布前，外商投资企业用地主要通过签订场地使用合同、缴纳场地使用费方式有偿取得；55 号令和 56 号令颁布之后，外商投资企业还可以通过出让等方式取得土地使用权。

在实践中，从积极吸引外资角度出发，中国土地政策对外资也进行了利益让渡。例如，《国务院关于中外合营企业建设用地的暂行规定》规定对外资企业可"适当降低场地使用费"；在《国务院关于鼓励外商投资的规定》中对于"产品出口企业和先进技术企业的场地使用费"，也允许"地方人民政府酌情在一定期限内免收"。在此背景下，中国各个地方对外商投资企业实行土地利益让渡的做法被广泛使用，成为地方吸引外资的重要手段。在 2017 年国务院公布的《国务院关于扩大对外开放积极利用外资若干措施的通知》中，也提出"继续对集约用地的鼓励类外商投资工业项目优先供应土地"，并实行土地价格优惠。

六是财政性支持政策。财政支持政策是中国外资激励政策体系中的"灰色地带"。在国家法律以及国务院法规的层面，并无对外资企业实施财政性支持政策的规定。但各地方政府在迫于越演越烈的招商引资大战，长期以来对外资实施名目繁多的财政性支持政策。主要方式有出口补贴、企业设备或厂房购置费补贴、企业运输费补贴、企业职工个人所得税减免、调低社会保障费缴付比例、企业职工住房购置或培训费津补贴等，不一而足。

（2）政策效绩评估

① 边境税征收便利化政策吸引鼓励外商投资企业发展加工贸易，有效促进货物贸易发展。

在实践中，上述具有明显激励出口导向型制造业发展的外资政策促使中国加工贸易快速发展，货物贸易实现快速增长。依托外商直接投资，加工贸易的迅猛增长加快了中国融入全球价值链的步伐，提升了中国在国际分工体系中的重要性，实现了进口与出口同时增长，并使中国在 2013 年超过美国成为全球第一大货物贸易国。

统计显示，1980 年中国加工贸易进出口金额仅为 16.7 亿美元，占中国贸易进出口总额的比重为 4.4%；到 1998 年加工贸易的规模已经超过一般贸易，在贸易进出口中所占比重达到 53.4%。2000 年后，加工贸易所占比重开始不断下降，但在进出口占比上依然较高。2015 年，中国加工贸易出口 7 977.9 亿美元，占总出口的 35.1%；加工贸易进口 4 470 亿美元，占总进口的 26.6%。

在此背景下，中国近 20 年以来货物出口量快速上升，最终先后超过日本和美国成为世界第一大出口国，2015 年中国货物出口值为 21 427.54 亿美元，远超过美国 15 103.03 亿美元的水平。详见图 B3.14。

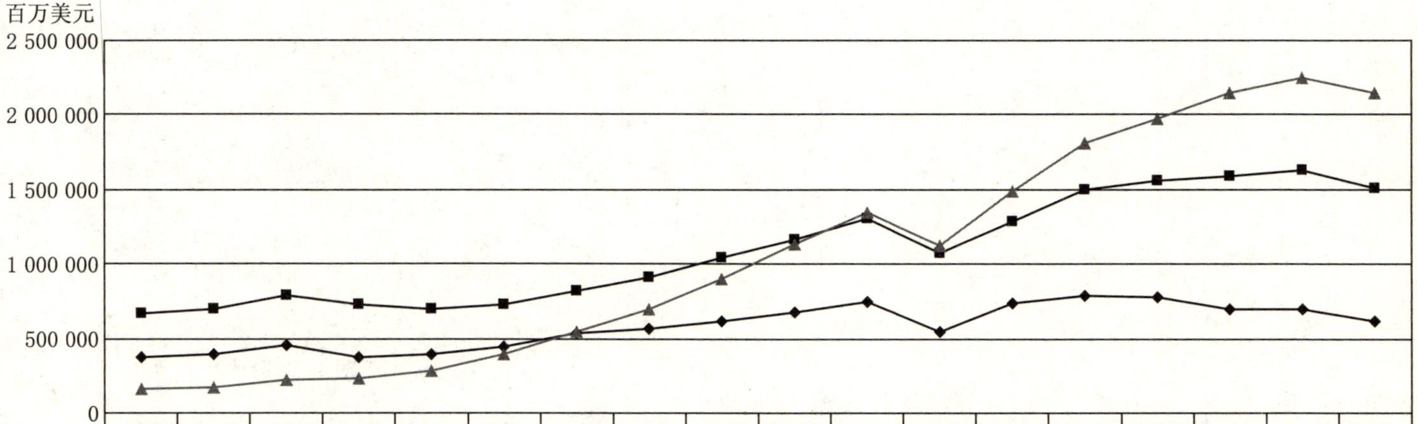

	1998年	1999年	2000年	2001年	2002年	2003年	2004年	2005年	2006年	2007年	2008年	2009年	2010年	2011年	2012年	2013年	2014年	2015年
日本	369 650	398 988	454 007	379 238	391 394	443 899	533 766	571 427	618 922	680 609	748 905	548 098	735 638	790 941	776 445	694 931	699 830	622 169
美国	670 416	698 524	784 940	731 331	698 035	730 446	823 584	913 016	1 040 905	1 165 151	1 308 795	1 070 331	1 290 273	1 499 240	1 562 579	1 592 002	1 633 321	1 510 303
中国	163 698	169 329	218 062	232 885	286 775	396 650	542 875	694 870	897 660	1 131 606	1 349 974	1 127 160	1 486 412	1 807 806	1 973 516	2 148 589	2 243 761	2 142 754

资料来源：OECD 数据库。

图 B3.14 中美日三国货物出口变化

在中国对外进出口增长过程中，外商投资企业发挥了巨大的作用。由表 B3.1 可见，外商投资企业在我国进出口中长期占据半壁江山，但近年来占比持续下降。此外，外商投资企业对我国固定资产投资占比在 2005 年后也持续呈下降态势，其趋势与近年来外资在我国工业生产和对外贸易中占比下降保持一致。

表 B3.1　2005—2015 年外商投资企业部分生产经营指标占比　单位：%

年份	涉外税收	固定资产投资	进出口额
2005	23.06	6.68	58.48
2006	23.7	5.27	58.87
2007	22.57	4.62	57.8
2008	23.1	4.35	55.08
2009	23.46	2.86	55.16
2010	23.03	3.09	53.83
2011	22.53	2.57	51.08
2012	22.25	2.04	48.97
2013	20.92	1.72	46.13
2014	21.42	1.54	46.11
2015	19.87	1.5	46.34

资料来源：商务部外国投资管理司编：《中国外商投资报告（2016）》，http://images.mofcom.gov.cn/wzs/201612/20161230131233768.pdf。

由图 B3.15 可见，外资企业在中国加工贸易中占据着主导地位，远远超过私营企业、国有企业、集体企业在加工贸易进出口中的比重。有研究认为，外资企业在中国全部加工贸易进出口以及来料加工和进料加工进出口中处于绝对领先的地位，而这种主导地位的形成，与改革开放以来外商直接投资的持续增加密不可分。[①]

② 对外资企业的所得税特殊优惠政策客观形成政策洼地吸引外商来华投资。

独立地分析和准确地描述中国对外商投资企业的税收政策的经济效应是困难的，因为税收政策是与其他多个因素一起共同作用于外商投资企业的投资选择。但就实践来看，对外资企业的所得税特殊优惠政策客观形成了对内外资企业的政策歧视，直接助长了我国"虚假外资"现象的形成，对这一现象的剖析也有助于了解外资企业所得税特殊优惠政策产生的影响。

① 张京红、王生辉：《外资在我国加工贸易中的地位及其对转型升级的影响》，《经济问题探索》2015 年第 2 期，第 79—83 页。

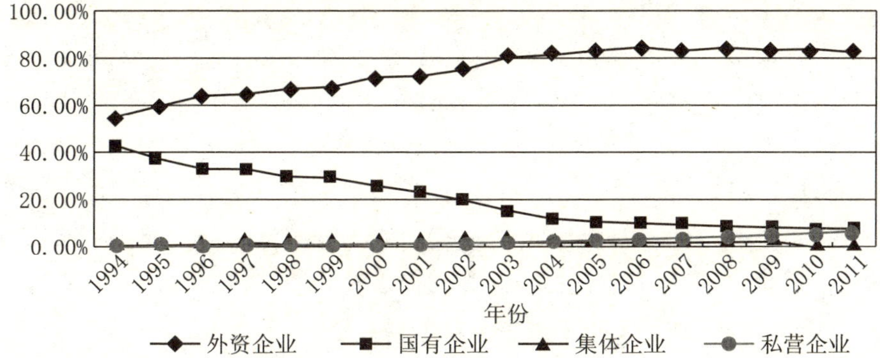

资料来源：张京红、王生辉：《外资在我国加工贸易中的地位及其对转型升级的影响》，《经济问题探索》2015 年第 2 期，第 79—83 页。（海关统计年鉴）。

图 B3.15　不同类型企业在中国加工贸易进出口所占比重

外资企业所得税优惠直接导致外商投资企业的实际可执行有效税率大幅降低，据测算，经济特区和沿海经济技术开发区的外商投资企业所得税实际有效税率只有 5%左右。①税收优惠让外国投资者享受到了极高的礼遇，为我国引进外资所取得的成就奠定了坚实的基础。但是，外资优惠政策也使外资企业与内资企业产生巨大的待遇差别。一般情况下，成为外商投资企业就意味着企业所得税获两年免除，两年后所得税率为 10%或 15%，甚至更低。因此，刺激“假外资”不断增长的原因也不言自明。

研究表明②，“假外资”进入中国境内主要有以下几种方式：一是通过价格转移等方式从进出口渠道实现资本流出，然后再汇入境内作为资本金；二是以境内资产在境外设立壳公司转换身份，再以壳公司名义转回境内投资，目前这种返程投资模式最为流行；三是外商投资企业通过在关联企业之间调整收入支出虚增利润，以达到增资或再投资的目的；四是境内企业通过境外融资获取外汇转而投资境内。如此多样化的“投资”方式，使实质上的境内资产转化为境外资产，使境内企业摇身一变成为外商投资企业。

早在 1995 年，联合国贸发会议就曾做出估计，认为中国所吸引的外商投资中，约有 20%属于国内客商的“返程投资”。而 2004 年 6 月亚洲开发银行的报告则认为，中国“返程投资”的规模被大大低估，其占中国对外发布的外商直接投资流入规模的 26%至 54%，平均比例约为 40%。国内学者认为，按照目前学者研究中比较一致的估算，我国每年实际利用外资中，约 1/3 是国内资本“留学”后

①②　柴青山、黄卉：《虚假外资的政策反思》，《21 世纪经济报道》，2005 年 9 月 19 日，第 029 版。

回流形成的“假外资”。①

在实践中，由于“假外资”主要绕道中国香港和维尔京群岛、开曼群岛及萨摩亚等离岸金融中心（自由港）进入内地，而国际自由港和离岸金融中心，对资金转移又无任何限制，且对客户信息资料高度保密，导致业务不透明，所以，目前尚无准确的统计资料来判断“假外资”的数量，一般只能根据上述地区名义上对我国内地的直接投资来估算“假外资”的规模。由图 B3.16 可见，2008 年我国实施“两税合一”前后，来自上述自由港的投资大幅度下降，也反映出所得税政策对我国吸收外资的影响。

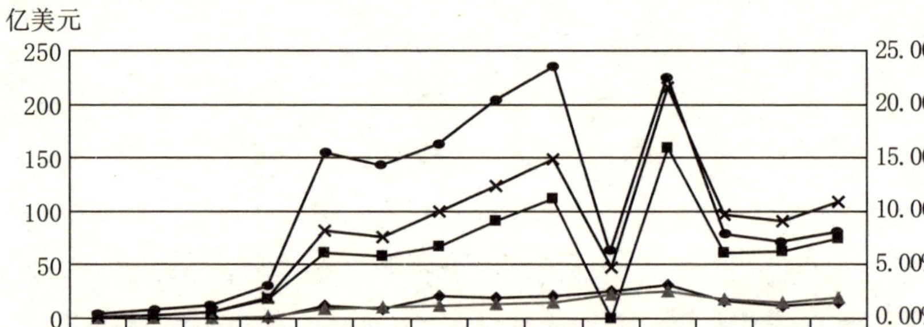

	1994年	1995年	1996年	1997年	2002年	2003年	2004年	2005年	2006年	2007年	2008年	2013年	2014年	2015年
开曼群岛	0	0	0	0	11.8	8.7	20.4	19.5	21	25.7	31.4	16.7	12.6	14.4
英属维尔京群岛	1.3	3	5.4	17.2	61.2	57.8	67.3	90.2	112	0.2	159.6	61.6	62.3	73.9
萨摩亚群岛	0.2	0.6	0.7	1.8	8.79	9.8	11.3	13.5	15.4	21.7	25.5	18.6	15.6	19.9
合计	1.5	3.6	6.1	19	81.79	76.3	99	123.2	148.4	47.6	216.5	96.9	90.5	108.2
占中国实际利用外资比重（%）	0.35%	0.75%	1.11%	2.95%	15.51%	14.26%	16.33%	20.42%	23.62%	6.08%	22.70%	7.82%	7.04%	7.98%

资料来源：历年《中国对外经济统计年鉴》及《中国对外经济贸易年鉴》。

图 B3.16　部分自由港对华实际投资变化趋势

由此看来，前期以企业所得税优惠政策为代表的国内税收优惠政策在有效吸引外商投资的同时，也导致“假外资”的“异军突起”，且其规模日益扩大，不仅严重干扰了我国利用外资的正常“秩序”，对外资政策提出了挑战，而且使金融风险加大，威胁国家的金融、经济安全。

我们认为，首先，“假外资”的出现违背了我国利用外资的初衷。中国利用外资主要是为了引进国外的先进技术和管理经验，而“假外资”既无先进技术，也谈不上什么先进管理经验，但却充分享受着国家对外资的各项优惠政策。其次，“假外资”的大量流入，实际上是建立在更大规模的国内资本外逃基础上的，如任

① 《经济参考报》，《我国引进外资中三成是国内资本》，人民网，http://www.people.com.cn/GB/news/37454/37462/3639281.html。

其发展蔓延，也将给经济发展带来一些潜在问题，如加剧资本外逃，使非法资本穿上合法外衣(合法化)，造成财税收入大量流失，助长违法经济活动，加大经济监管难度，诱发造假丑闻和诚信危机等。

③ 对外商投资的土地优惠政策之影响在不同地区差异较大。

一般认为，对外商投资企业用地的政策分析大致可以分为两个层面：首先是中国东部地区优化区域产业结构背景下的用地政策调整；其次是国家鼓励外商投资产业向中西部转移政策下的土地优惠政策措施。

从第一个层面来看，1996 年施行的《上海市外商投资企业土地使用管理办法》规定："本市市区繁华地段以外的先进技术型外商投资企业，自企业设立之日起 3 年内免缴土地使用费，第四年起按优惠标准缴纳。但本办法第十三条第二款所列的情形除外。"这些规定目的是要吸引"先进技术型外商投资企业"前来投资。

我们以上海市主要年份引进技术设备实际到货金额为参考指标来看，这一政策在推动上海引进先进技术和设备方面曾发挥了巨大作用。如图 B3.17 所示，1990 年，上海引进技术设备实际到货金额为 15 063 万美元，而到了 2000 年，上升到 104 558 万美元，十年间增长了近六倍。2014 年达到了峰值 6 049 362 万美元，是 2004 年的近三倍。高速增长的背后，也存在着增速放缓，甚至在 2015 年出现下降的情况。这一方面反映了上海经过多年改革开放的发展后，在先进的技术和设备领域取得了非常突出的成就，另一方面也说明传统政策在目前吸收外资工作中已面临瓶颈。

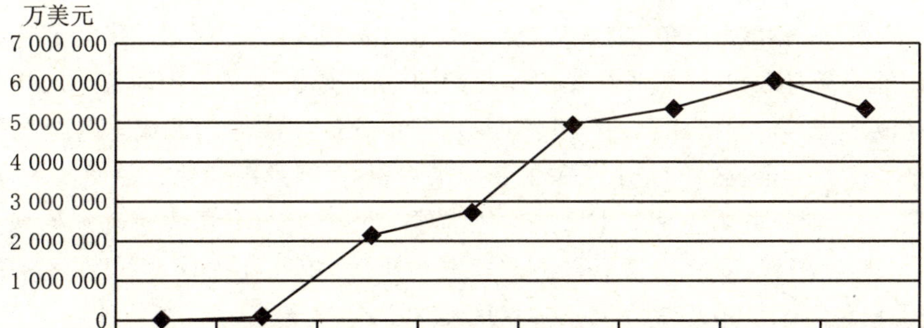

	1990年	2000年	2004年	2008年	2012年	2013年	2014年	2015年
—◆—总计	15 063	104 558	2 147 160	2 719 071	4 929 346	5 290 830	6 049 362	5 340 179

资料来源：历年《上海统计年鉴》。

图 B3.17　上海市主要年份引进技术设备实际到货金额

结合调研我们发现，中国东部区域在利用土地政策吸引外资方面曾出现过长期的无序竞争问题。以长三角地区为例，我们的调研就发现，历史上零地价、送厂房、政府指定银行配套贷款（1∶1 甚至 1∶2 的比例）、“5 免 10 减半”等“政策倾销”在长三角各地引资争夺热中屡见不鲜。区内城市竞相展开“倾销式”竞争，套用商家惯用的“跳楼价”来争夺外资。如长三角的上海、苏州、昆山、南京、镇江、无锡、吴江、常州、杭州、宁波等市，为了争取台资在本地落户，各地大多由“一把手”挂帅，其主要做法之一就是降低土地价格标准。据有关资料，各城市为争夺外资，曾出现土地价格越降越低，甚至超出国家准许范围的情况。例如苏州地价原来 20 万元/亩、昆山 15 万元/亩，但吴江、宁波、杭州等地将地价降到 5 万元/亩，无锡降到 2—3 万元/亩。有的地方还提出免收土地出让金，水电增容费由地方财政补贴等。

值得强调的是，目前我国经济发达地区的土地使用已趋于饱和，很难再增加土地的供应量。且由于近年来我国经济发达地区土地价格上升较快，部分地价上涨显著区域已开始出现从原有外商投资企业手中收回土地的情况。由于这些地区在前期为吸引外资出让了过多土地利益，这也成为目前外商投资企业纠纷的新焦点。例如，我们对广东地区的调研就发现，目前城市旧改中要求外商投资企业外迁的情况比较普遍。

目前国家鼓励外商投资产业向中西部转移，在 2010 年出台的《国务院关于中西部地区承接产业转移的指导意见》规定：“土地政策方面，加大对中西部地区新增建设用地年度计划指标的支持力度，优先安排产业园区建设用地指标。严格执行工业用地最低出让价标准，进一步完善体现国家产业政策导向的最低价标准实施政策。探索工业用地弹性出让和年租制度等。”

但从一系列调研和研究的情况来看，与东部地区相似，大多数中西部地区项目用地指标有限，且审批程序繁复。我们的调研就发现，目前中西部地区的工业用地成本与其他地区相比差别并不明显，西南地区的商业用地成本甚至高于全国平均水平。根据一些企业反映的情况来看，中西部地区的地方税种多，税收上涨快，也抵消了人力土地成本低的优势，实际综合生产经营成本已越来越高。例如，一家从上海迁移至安徽马鞍山的日资企业就反映，目前地方税收上涨很快，如土地使用税，2007 年时为 6 元/平方米，2010 年上涨到了 10 元/平方米，2014 年则达到了 16 元/平方米；而同期该企业设在上海松江地区的工厂，则一直是 6 元/平方米。此外，安徽省对增值税的算法也与上海不同，上海按照扣除出口退税部分的应缴所得税来交，而安徽省则按扣除退税前的全额所得税来缴纳，因此该企业在安徽的税费成本要比上海高得多。

3.1.3 吸收外资的导向政策

(1) 相关政策回顾

一是《外商投资产业指导目录》(1987 年至今)。《外商投资产业指导目录》是中国通过外资准入管理实施产业政策目标的重要手段。1987 年中国拟订了《指导吸收外商投资方向暂行规定》，其后正式颁布了外商产业政策和投资指导目录，在 1995 年编制了《指导外商投资方向暂行规定》和《外商投资产业指导目录》(以下简称《目录》)。1997 年 12 月，为了更好的应对入世的要求，国务院重新修订了《目录》，《目录》实施的目标是鼓励外资投向基础产业、基础设施、农业、服务业等达到国家产业政策要求的投资项目。中国加入世贸组织后，又分别于 2002 年、2004 年、2007 年、2008 年、2011 年、2015 年和 2016 年对《目录》按产业政策的目标变化进行多次调整。

二是各类特殊功能区集聚政策(1979 年至今)。1979 年 7 月，中共中央、国务院批转广东和福建省委关于对外经济活动实行特殊政策和灵活措施的报告，决定在深圳、珠海、汕头和厦门试办特区，开启了引导外资企业按供应链进行产业集聚，对外资企业在地域层面进行集中管理的吸收外资特殊功能区集聚政策。1984 年 3 月，中央决定进一步开放大连、青岛、天津、上海和广州等 14 个沿海港口城市，实行经济特区的某些政策，规定生产性企业减按 15%的税率征收企业所得税，经营期 10 年以上的企业所得税实行“两免三减半”。1985 年 2 月，中央决定在长江三角洲、珠江三角洲和闽南厦(门)漳(州)泉(州)三角地带开辟沿海经济开放区，符合规定的投资项目按 15%的税率减征企业所得税，符合规定的行业项目按 24%的税率减征企业所得税。1988 年，根据国务院的决定，沿海经济开放区的范围进一步扩大，包括辽东半岛、山东半岛及杭州、南京、沈阳等 140 个市(县)在内的地区都因此受益。同年，还建立了海南经济特区，实行更加灵活开放的经济政策，给予地方更大的自主权。1990 年 4 月，中央决定加快上海浦东新区的开发开放，实行经济技术开发区和某些经济特区的政策。

此后，随着 2000 年后中国加入世贸组织，原来各类特殊区域所特有的开放政策因国民待遇原则和国内的全方位开放而开始弱化。同一时期，国家也开始对各类开发区进行整顿和清理，开发区赖以快速发展的土地、税收等政策优惠陆续到期失效或被取消，各类开发区在中国对外开放中的“排头兵”地位也开始逐渐丧失。2013 年后，国家又提出构建开放型经济新体制战略，原有开发区的发展思路或主动或被动地开始发生转变。目前，国家自贸区战略已形成“1+3+7”格局，也将继续发挥国家改革开放排头兵的作用。此外，海关特殊监管区政策作为特殊功能区集聚政策的重要组成部分，也在中国吸收外资中发挥了显著的作用。

三是区域梯度推进政策(1999 年至今)。1999 年国务院发出《关于实施西部大开发若干政策措施的通知》,决定对设在中西部地区的国家鼓励类外商投资企业,减按 15%的税率征收企业所得税。经省级人民政府批准,外商投资企业可以减征或免征地方所得税。2000 年,国务院有关部门还发布了专门针对中西部地区的外商直接投资产业目录,规定投向中西部地区的直接投资在企业设立条件、行业投资范围、所得税收减免等方面可以享受更加优惠的政策。

2002 年 11 月,党的十六大报告提出要"支持东北地区等老工业基地加快调整和改造",强调振兴东北战略与西部大开发战略是"东西互动"的两个轮子。2004 年又修订了《中西部地区外商投资优势产业目录》,归属于该目录的外商投资项目,将享受鼓励类外商投资项目优惠政策,旨在鼓励外商在中西部地区发展符合要求的产业,充分发挥中西部地区特定资源、产业基础以及劳动力、资源等比较优势,推动重点产业将资源优势转化为经济发展优势。此后,该目录又分别在 2008 年、2013 年和 2017 年获得了修订。与此同时,中国还继续推进西部大开发战略,规定西部地区的农牧渔业、交通运输、能源开发、环境保护、高新科技、人力资源和基础设施等领域的外商投资项目,在财政信贷、土地供给、持股比例、所得税率等方面都可享受比东部地区更为优惠和宽松的政策。

(2) 政策效绩评估

① 对我国吸收外资产业导向政策绩效之评估。

结合上面分析可见,中国与实施产业导向政策有关的吸收外资的法律、法规及其他行政监管措施,主要是《外商投资产业指导目录》(以下简称《指导目录》)及其对应的优惠政策措施。结合对相关外商投资数据的实证分析和案例研究,可以发现吸收外资政策对国家产业开放发展格局产生了重要的影响。

《指导目录》的实施对我国许多产业都产生了广泛而深远的影响,对我国在前期快速融入全球价值链发挥了重要作用。从总体来看,《指导目录》对我国产业的影响主要体现在以下两个方面:

一是发挥我国的资源禀赋优势,促进劳动密集型产业发展。结合之前分析可见,我国前期吸收外资主要以制造业为主,并具有明显的出口导向。通过将外资引入比较优势产业及全球产业链上的比较优势环节,对外贸易快速增长,中国也成为当前全球价值链生产和贸易的主要受益者之一。

二是为国民经济增长"补短板",在吸收外资、加大开放力度的同时,营造良好的发展环境,保护和推动我国相关"幼稚产业"的发展。以汽车产业的发展为例,2011 年 4 月《目录(2011 年修订)》对外资投资政策进行修订,将外资在中国新投资的新能源汽车关键零部件项目的出资比例控制在50%以内。这是中国主管部门首次明确规定新能源汽车关键零部件合资企业的股比。这一详细目录的出台,不仅对跨国公司在华建立新的零部件公司设立了门槛,而且这一限制品种因为涉及广泛,也从新能源汽车核心零部件延伸至传统汽车的共用零部件。许多研究认为,该《目录》的实施对我国汽车市场就曾产生广泛而深远的影响。[①]其主要包括:

一是促进了中国新能源汽车产业的发展。由于汽车产业是产业链较长的技术密集型和资金密集型产业,对国民经济的带动作用较大,所以一直以来中国政府都是将汽车产业作为国民经济的支柱产业来看待和扶持的,但是由于没有处理好合资借力与自主发展之间的关系,至今中国汽车产业仍然面临大而不强的窘境,在新能源汽车产业内对零部件合资企业的股比做出明确限制,就是想处理好上述关系,让中国汽车产业在新能源汽车领域"获得新生"。在这一政策的支持下,将大大促进新能源汽车产业的发展。

二是推动了国产汽车零部件工业的发展。当时中国汽车零部件行业虽然取得了巨大的发展,但往往是跨国汽车零部件企业占据主导地位,跨国汽车零部件企业在推动了国内零部件产业进步和升级的同时,也抑制了本土企业在技术等方面的自主创新能力。外资汽车企业进入中国市场多年,但中国仍未掌握发动机、变速箱等传统汽车的核心技术。在核心技术方面,外资对中国汽车零部件行业的垄断非常突出。零部件行业实施50%这一股比"限令"将有助于中国汽车国产零部件工业的发展。政策一旦执行,这些一直以来由外资控股的零部件企业,必须要调整股权结构,这也就意味着股比限制将传导到传统能源车的零部件领域。而这也是政策最为有力的部分。

三是影响了跨国公司汽车零部件在华的布局。由于很多外资零部件企业的在华生产工厂,原先并不是按照"不超过50%"的股比来投建的,这将使得大批在华外资企业需要调整股比结构。以博世公司为例,博世公司在中国有十几家独资和控股零部件企业,其中部分企业正在涉足新能源车零部件生产制造,政策调整就要求这些企业改变既有的股比结构。

我们认为,从进行改革开放到2008年,中国凭借着廉价劳动力的比较优势与政府所给出的外商制造业投资的特殊优惠政策,如设备进口等关税政策降低了外资进入的门槛,使外资大量地涌入中国劳动密集型加工制造产业。考虑到

---

① 吴勇:《〈外商投资产业指导目录〉对汽车市场的影响分析》,《重型汽车》2011年第3期,第4—6页。

内资企业技术落后、产品良莠不齐，部分跨国公司定期派遣高级技术及管理人员为订单生产企业提供技术指导，甚至帮助引进设备生产线，以提高作业效率，在此过程中内资企业生产技术得以提升，这些促进了中国农村大量闲置劳动力的就业与脱贫问题，提升了中国劳动生产率。另外，外资还通过竞争、模仿、人员流动、前向关联等效应促进了中国劳动密集型加工制造业发展。

图 B3.18、B3.19 和 B3.20 分别反映了纺织业、橡胶制品业和塑料制品业工业企业总产值、外商与港澳台投资工业企业产值以及外商与港澳台投资工业企业产值占总体的比重情况。可以发现，2001 年以来，除 2012 年的纺织品以外，这些产业的工业企业总产值都逐年上涨，外资参与中国的这几类劳动密集型产品的生产情况从总体上来说也是不断上涨，但涨幅不断下降，近几年还有不断下降的趋势，而外商与港澳台投资工业企业产值以及外商与港澳台投资工业企业产值占总体的比重以 2005 年为分水岭，呈现了两种截然不同的变动趋势，即 2005 年之前，这一比重不断上升；2005 年之后则趋于下降的趋势。

而这些变动趋势也与国家在 2004 年修订的《外商投资产业指导目录》中所进行的调整不无关系，即适应国家宏观调控需要，防止部分行业的盲目和低水平投资，对已经出现盲目投资的热点行业或产品，从鼓励外商投资目录中删除，调整为允许类外商投资项目。由于外商投资属于鼓励类的项目可享受免征进口设备关税和进口环节增值税等优惠政策。由此可见，外商进出口设备特殊关税优惠政策对这些产业的发展产生了巨大的影响，体现出国家外资政策的引导作用。

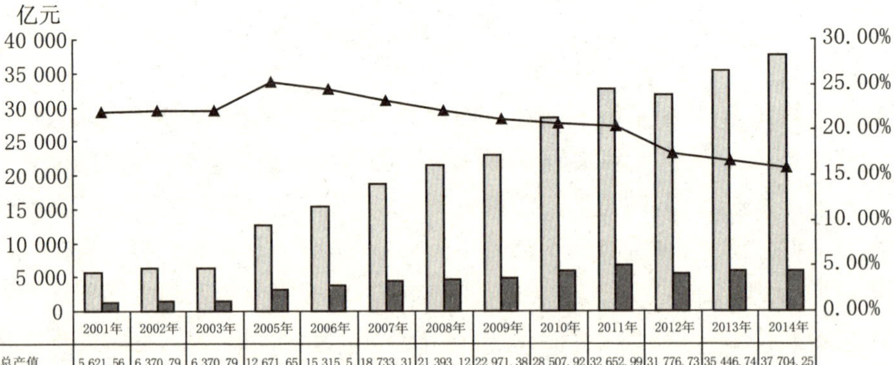

	2001年	2002年	2003年	2005年	2006年	2007年	2008年	2009年	2010年	2011年	2012年	2013年	2014年
纺织业总产值	5 621.56	6 370.79	6 370.79	12 671.65	15 315.5	18 733.31	21 393.12	22 971.38	28 507.92	32 652.99	31 776.73	35 446.74	37 704.25
纺织业外商与港澳台投资工业企业产值	1 230.82	1 407.78	1 407.78	3 201.8	3 756.06	4 359	4 736.57	4 871.11	5 877.27	6 671.24	5 504.89	5 888.46	5 963.15
纺织业占比	21.89%	22.10%	22.10%	25.27%	24.52%	23.27%	22.14%	21.21%	20.62%	20.43%	17.32%	16.61%	15.82%

资料来源：历年《中国工业经济统计年鉴》。

图 B3.18 纺织业工业企业总产值、外商与港澳台投资工业企业产值以及外商与港澳台投资工业企业产值占总体的比重情况

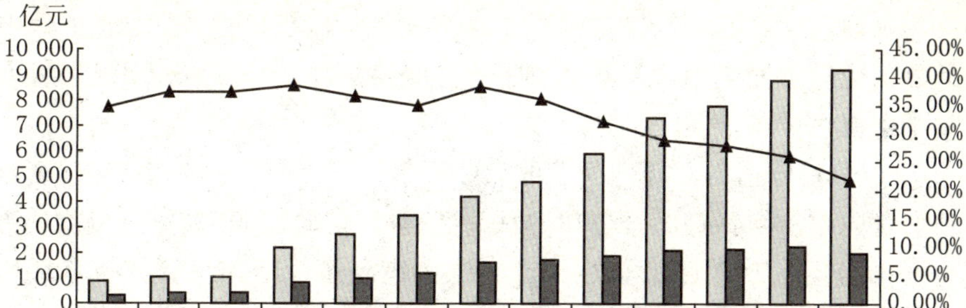

	2001年	2002年	2003年	2005年	2006年	2007年	2008年	2009年	2010年	2011年	2012年	2013年	2014年
橡胶制品业总产值	893.82	1 064.6	1 064.6	2 196.74	2 731.85	3 462.41	4 228.61	4 767.86	5 906.67	7 330.66	7 765.28	8 783.06	9 221.73
橡胶制品业外商与港澳台投资工业企业产值	310.89	398.47	398.47	848.92	1 000.59	1 215.74	1 621.48	1 724.29	1 901.56	2 123.19	2 174.4	2 284.86	1 999.62
橡胶制品业占比	34.78%	37.43%	37.43%	38.64%	36.63%	35.11%	38.35%	36.16%	32.19%	28.96%	28.00%	26.01%	21.68%

资料来源：历年《中国工业经济统计年鉴》。

图 B3.19　橡胶制品业工业企业总产值、外商与港澳台投资工业企业产值以及外商与港澳台投资工业企业产值占总体的比重情况

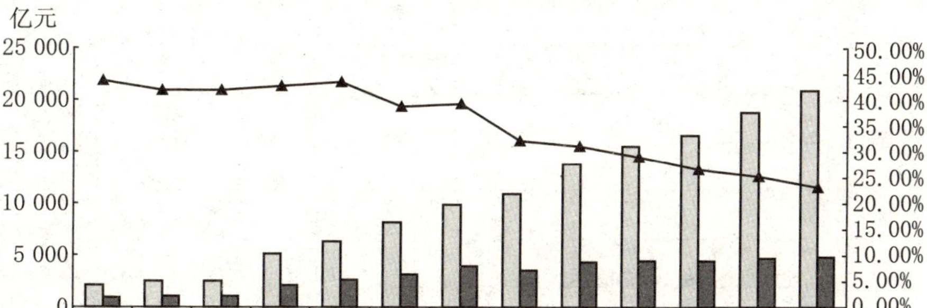

	2001年	2002年	2003年	2005年	2006年	2007年	2008年	2009年	2010年	2011年	2012年	2013年	2014年
塑料制品业总产值	2 136.6	2 487.92	2 487.92	5 067.89	6 381.01	8 120.41	9 897.17	10 969.42	13 872.22	15 579.54	16 534.67	18 856.59	20 909.31
塑料制品业外商与港澳台投资工业企业产值	934.59	1 042.52	1 042.52	2 165.85	2 637.73	3 140.02	3 882.91	3 518.39	4 300.1	4 494.86	4 410.4	4 767.72	4 854.48
塑料制品业占比	43.74%	41.90%	41.90%	42.74%	43.34%	38.67%	39.23%	32.07%	31.00%	28.85%	26.67%	25.28%	23.22%

资料来源：历年《中国工业经济统计年鉴》。

图 B3.20　塑料制品业工业企业总产值、外商与港澳台投资工业企业产值以及外商与港澳台投资工业企业产值占总体的比重情况

其次，由于上述产业导向政策一般也与鼓励外贸发展政策联系密切。在实践中，相关政策也有效促进了加工贸易的发展，推动中国融入全球价值链。统计显示，1980 年中国加工贸易进出口金额仅为 16.7 亿美元，占中国贸易进出口总额的比重为 4.4%；到 1998 年加工贸易的规模已经超过一般贸易，在贸易进出口中所占比重达到 53.4%。2000 年后，加工贸易所占比重开始不断下降，但在进出口占比上依然较高。2015 年，中国加工贸易出口 7 977.9 亿美元，占总出口的 35.1%；加工贸易进口 4 470 亿美元，占总进口的 26.6%。①

① 张京红、王生辉：《外资在我国加工贸易中的地位及其对转型升级的影响》，《经济问题探索》2015 年第 2 期，第 79—83 页。

总体而言，加工贸易对外商投资的吸引以及其快速增长推动中国更加深入地融入全球价值链中，并使中国成为全球最主要的中间品进出口贸易国家，提升了中国在全球供应链中的地位。

② 对特殊监管区导向政策的效绩评估。

首先，各类特殊监管区成为我国吸收外资之重镇，在外资外贸发展上发挥了特殊作用。在历史上，我国各类开发区凭借政策优势与良好的投资环境成为引资外资的高地和重镇。研究显示，2002—2012 年，中国东部开发区实际利用外资由 72.84 亿美元增长至 381.36 亿美元，增长了 4 倍，中西部开发区实际利用外资由 4.53 亿美元增长至 125.2 亿美元，增长了近 27 倍。由此可见，东部和中西部开发区实际利用外资金额总体均呈上升态势。

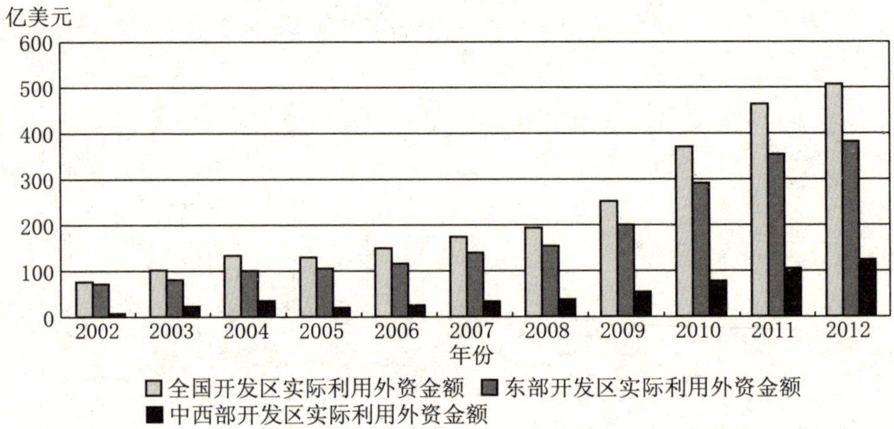

资料来源：《中国开发区统计年鉴（2002—2013）》，中国财政经济出版社。

图 B3.21　2002—2012 年我国国家级经济技术开发区实际利用外资

从各类开发区实际利用外资占全国实际利用外资的比重来看，2002—2012 年，全国开发区所占比重总体呈上升趋势，从 2002 年的 14.06%攀升到 2012 年的 44.7%，占到国家实际吸收外资的近半壁江山。同时，对比中西部与东部的数据，即使中西部开发区引资能力提升显著，但仍与东部开发区存在巨大差距，且差距在不断拉大。例如，到 2012 年底，中西部开发区实际利用外资占全国实际利用外资的比重为 11%，而东部开发区所占比重已达 34%。

其次，截至 2016 年 10 月，全国海关特殊监管区域共有 129 个，正在办理的有 12 个，还有 50 多个待办。[①]海关特殊监管区域有如下作用：一是支撑了我国

① 目前全国共有 129 个海关特殊监管区域，http://www.scio.gov.cn/xwfbh/xwbfbh/wqfbh/33978/35303/zy35307/Document/1494933/1494933.htm。

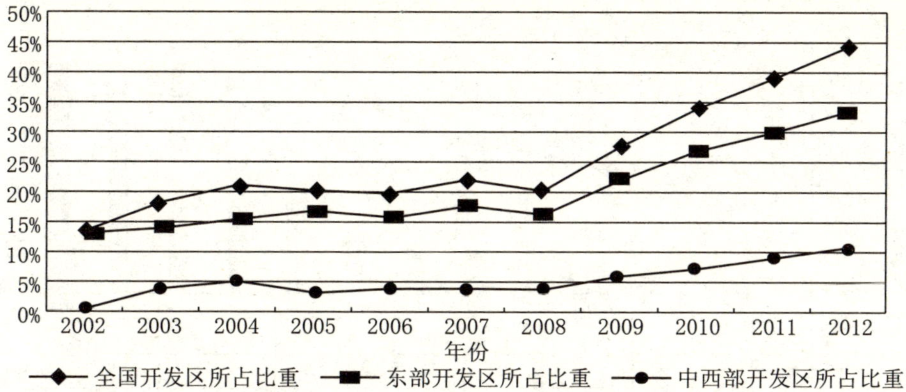

资料来源：根据历年《中国开发区统计年鉴》的数据计算得出。

图 B3.22　2002—2012 年我国国家级经济技术开发区实际利用外资

贸易大国的地位；二是提升了国际分工水平，加快了产业转型；三是促进了本地经济的快速发展，如苏州工业园综合保税区，多年来其就以占苏州工业园区不到3%的土地，创造了约 30%的进出口额和约 20%的国地税入库税款。①

海关特殊监管区域作为满足国际产业分工需求的特定经济区域，自设立之初即被赋予了吸引外资、承接国际产业转移、发展外向型经济的重任。其在以往 20 多年的建设发展历程中，较好地拉动了外贸经济的增长，为统筹国内外两种资源，连接国内外两个市场，起到了重要作用。实践经验表明，通过设立特殊监管区域吸收外资的方式对促进中国的进出口贸易、经济高速增长和实现国家区域发展规划目标都发挥了重大作用。

海关特殊监管区执行特殊对外政策，也是我国吸收外商投资的集聚区。作为海关特殊监管区的一种重要形式，保税区在吸收外资方面发挥着重要的作用，且一般与外贸进出口的发展联系紧密。例如，上海外高桥保税区是我国的第一家保税区，贸易总量持续增长，从 1996 年的 10.46 亿美元增加到 2008 年的 626.37 亿美元，20 年左右的时间内贸易额增加了近 60 倍；而且在上海市进出口总额中的比重也逐年增加，从不足 5%增加到两成左右的份额(图 B3.23)，发挥了连接国内、国外两个市场的桥梁和纽带作用。

从全国层面来看，根据中国保税区出口加工区协会统计，2015 年全国海关特殊监管区域的进出口总额达 6 398.6 亿美元，虽然数字同比 2014 年有 8.1%的跌幅，但是在我国整体经济进入中低速增长的新常态下，依然占据了全国外贸进

① 田维军：《自贸试验区倒逼下海关特殊监管区域转型升级的对策研究》，苏州大学硕士学位论文，2016 年。

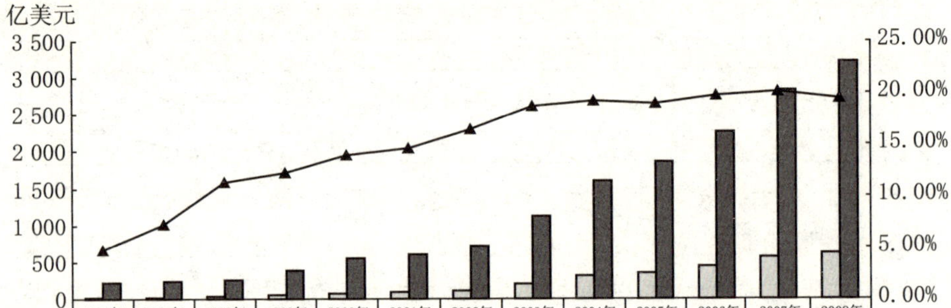

	1996年	1997年	1998年	1999年	2000年	2001年	2002年	2003年	2004年	2005年	2006年	2007年	2008年
上海外高桥保税区进出口货物总额	10.46	17.8	29.4	47.38	76.23	88.67	119.33	209.3	308.14	352.65	448.82	570.09	626.37
上海市货物进出口总额	222.63	247.64	260.46	386.04	547.1	608.98	726.64	1 123.97	1 600.26	1 863.65	2 274.89	2 829.730 5	3 221.379
占比	4.70%	7.19%	11.29%	12.27%	13.93%	14.56%	16.42%	18.62%	19.26%	18.92%	19.73%	20.15%	19.44%

资料来源：根据李幼林、陈亚琴《上海外高桥保税区发展报告》(引自 2009 年《经济特区蓝皮书》)和国家统计局网站相关数据整理得到。

图 B3.23　上海外高桥保税区及上海市货物进出口情况

出口总额的 19.3%，[①]且多年保持了这一大致份额，一直是促进我国外贸增长的重要支柱，如表 B3.2 所示。

表 B3.2　2015 年海关特殊监管区域进出口情况　　单位：亿美元

类　型	统计数	进出口总额	出口总额	进口总额
保税区	12	2 015.6	719.8	1 295.8
出口加工区	48	1 218.9	737.0	481.9
保税物流园区	5	133.4	74.9	58.5
跨境工业区	2	4.4	2.5	1.8
保税港区	13	619.1	263.2	355.9
综合保税区	37	2 407.2	1 426.8	980.4
总　计	117	6 398.6	3 224.2	3 174.3

资料来源：田维军：《自贸试验区倒逼下海关特殊监管区域转型升级的对策研究》，苏州大学硕士学位论文，2016 年。

海关特殊监管区的发展也有力推动了当地经济的增长。相关研究显示，截至 2015 年底，全国海关特殊监管区域历年累计实现工业总产值 15.3 万亿元人民币，税收 2.1 万亿元人民币，共批准入区企业 125 772 家，其中外商投资企业

① 田维军：《自贸试验区倒逼下海关特殊监管区域转型升级的对策研究》，苏州大学硕士学位论文，2016 年。

28 125 家，外商投资总额 3 300.67 亿美元，实际利用外资 899.4 亿美元。[①]其建设运营为当地的经济发展起到了良好的助推作用，产生了大量的配套业务需求，带动了周边生产制造业、服务业的发展，也产生了大量就业岗位，辐射带动作用显著。

值得强调的是，就海关特殊监管区域对我国中西部地区的经济拉动贡献而言，2015 年我国进出口额超百亿美元的 17 家海关特殊监管区域中，郑州新郑、成都高新、重庆西永、两路寸滩和西安的海关特殊监管区域即占据了 5 席，占全国当年海关特殊监管区域进出口总额的 7.2%，也成为促进中西部地区产业发展、综合竞争力打造的重要增长极，如表 B3.3 所示。

表 B3.3　2015 年中西部进出口额超百亿美元的海关特殊监管区域

单位：亿美元

名　　称	进出口总额	出口总额	进口总额	所在地区
新郑综合保税区	496.8	268.0	228.8	中部
重庆西永综合保税区	235.5	172.1	63.4	西部
成都高新综合保税区	223.6	129.3	94.3	西部
陕西西安出口加工区	150.1	67.5	82.6	西部
重庆两路寸滩保税港区	121.7	76.2	45.5	西部
总　　计	1 227.7	713.0	514.7	

资料来源：田维军：《自贸试验区倒逼下海关特殊监管区域转型升级的对策研究》，苏州大学硕士学位论文，2016 年。

但是，作为我国吸收外资和推动对外开放的重要平台，目前我国海关特殊监管区的区域发展却存在着不平衡性。其主要表现在东部与西部地区海关特殊监管区域的数量与规模落差严重。在数量方面，东部地区由于拥有优越的地理区位、完善的基础设施、良好的工业基础，丰富的高素质劳动力和便利的物流网络等优势，海关特殊监管区域的数量占到全国总数的 70%（见表 B3.4），其中仅江苏省就有 20 家海关特殊监管区域，而甘肃省仅有 1 家。在经济规模方面，东部地区各项经济数据显著超过西部区域，如苏州工业园综合保税区 2015 年全年进出口额为 225 亿美元，占全国 33 家综合保税区的 9.4%，而西安综合保税区与西安高新综合保税区 2015 年全年总和进出口额为 57.9 亿美元，占全国综合保税

① 田维军：《自贸试验区倒逼下海关特殊监管区域转型升级的对策研究》，苏州大学硕士学位论文，2016 年。

区的2.4%。①

表B3.4 全国海关特殊监管区域情况(截至2015年底)

类　型	数量	东部11省份	中部8省份	西部12省份
保税区	12	12	0	0
出口加工区	48	35	7	6
保税物流园区	5	5	0	0
跨境工业区	2	1	0	1
保税港区	13	11	0	2
综合保税区	37	20	8	9
总　计	117	79	16	17

资料来源:田维军:《自贸试验区倒逼下海关特殊监管区域转型升级的对策研究》,苏州大学硕士学位论文,2016年。

特殊监管区政策也面临诸多问题亟待解决。尽管各类特殊监管区在我国吸收外资中发挥着重大作用,但我们的调研也显示,目前各类特殊监管区发展也存在诸多问题亟待解决。

一是不同区域吸引外资同质化现象明显,重复建设问题严重。我们的调研发现,特殊监管区作为产业环境配套、拉动地方经济增长的一种区域形态,各个地方政府都十分重视,为防止在经济发展中落后,各地方展开了白热化吸引外资竞争,甚至出现了在区域申报上一哄而上、在运营中不惜成本等现象,其中吸引外资同质化现象明显,重复建设问题严重。

调查显示,各个地方在引资过程中往往抱着"你有我也必须有"的心态,纷纷提出过高的建设目标,但有些地方由于重申报、轻建设,准备工作不充分,导致场所资格仓促申报下来,因为入区企业非常稀少,大量土地资源被圈下而闲置,甚至出现"空壳"现象。此外,在业务类型上,各地方竞相复制开展进口商品展销、电子商务等业务模式,导致的结果是投入与产出不成正比,财力物力浪费严重。

近年来,自上海自贸试验区成立之后,各个地方又掀起了自贸试验区的申报高潮,不少经济规模或区位优势较佳的大中城市纷纷以本地海关特殊监管区域为依托制定申报方案,展开了新一轮的竞争,其中同质化、重复建设现象亦突出。如何切实定位好不同区域在全球价值链上的实际位置,做到差异化发展,应是各

① 田维军:《自贸试验区倒逼下海关特殊监管区域转型升级的对策研究》,苏州大学硕士学位论文,2016年。

海关特殊监管区域及相关地方政府在吸引外资政策上需要重点考虑的问题。

二是各区域间优惠政策竞争阻碍产业结构优化和升级，当前政策优惠减少对吸引外资客观存在影响。为了吸引更多外商来华投资，我国政府及有关部门制定和实施了许多优惠政策，包括税收优惠、土地使用优惠、优先审核待遇、外汇管理优惠等。除了中央政府颁布的外资优惠政策以外，各个地区还自行颁布和实施了一些优惠政策。但是，由于目前不同地区吸收外资的同质化现象严重，也导致各地区普遍出现了在优惠政策上的竞争现状，客观导致政策效果出现递减。

例如，目前我国特殊海关监管区域的税收政策不统一，特别是在地方税方面的差异，造成不同特殊监管区域的企业税负不平衡。其中深加工结转是加工贸易企业将保税进口料件加工的产品转至另一加工贸易企业进一步加工后复出口的经营活动。按照目前税法的规定，深加工结转应按照内销方式，先征收17%或13%的增值税，当货物出口时再按规定的退税率办理出口退税手续。

尽管有此规定，但各地在实际操作过程中却有不同的处理办法，一种做法是按一般贸易出口的相关规定实行“道道结转，道道征税”，另一种做法是按加工贸易规定实行“道道结转，道道免税”，各地对深加工结转政策执行的不统一，人为造成了同一产业链上的上下游企业税负不平衡。由于货物进出特殊监管区域(保税区除外)，可视同货物进出口办理相关免税或退税手续，而深加工结转虽视同出口，但实施的是免税或征税政策，因此又造成特殊监管区域货物与为特殊监管区域配套的深加工结转之间的税负不平衡。这些税收负担的差别和不公平竞争，阻碍了深加工结转的发展和加工贸易产业链的延伸。

此外，由于前期较多依赖政策优惠竞争吸引外资，这客观导致目前税收优惠取消后对外资企业生产经营影响较大。例如，2008年以前外商投资企业可以享受较优惠的所得税政策。但是自2008年1月1日起，新的《企业所得税法》施行后，原享受低税率优惠政策的企业在5年内逐步过渡到法定税率。目前，特殊监管区域的企业所得税也已经没有明显的优惠政策。由于历史上我国吸收外资优惠政策在各地区是分梯度推进的，也导致对外开放中相对较晚、开放水平相对较低的地区，外商投资享受既有优惠政策越少的情况，在客观上更不利于中西部地区招商引资工作的推进。

③ 中国区域梯度推进政策的绩效评估。

首先，我国各区域吸收外资不均衡情况依然显著。目前我国大陆地区共有31个省、自治区、直辖市，根据相关规定，东部地区是指北京、天津、河北、辽宁、上海、江苏、浙江、福建、山东、广东和海南；中部地区是指山西、吉林、黑龙江、安徽、江西、河南、湖北和湖南；西部地区是指重庆、四川、贵州、云南、西藏、陕西、甘肃、青海、宁夏、新疆、广西和内蒙古。

如图 B3.24 所示，由于我国早期外资政策总体偏向东部区域，加之东部地区本身具有优越的地理位置和良好的经济、社会基础，目前东部地区吸收了我国绝大部分外商直接投资；中部地区自中部崛起战略开始实施以来，外商直接投资的流入速度有明显加快；在国家中西部引资政策的积极推动下，目前西部地区利用外资水平也获得了突破，总体呈现不断上升的趋势。

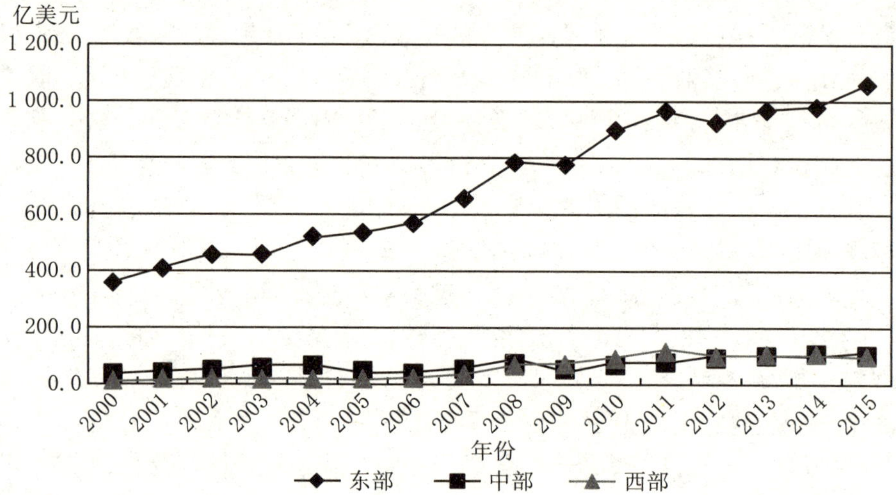

资料来源：根据《中国统计年鉴》(2001—2016)整理得到。

图 B3.24　2000—2015 年东中西部地区实际利用直接投资

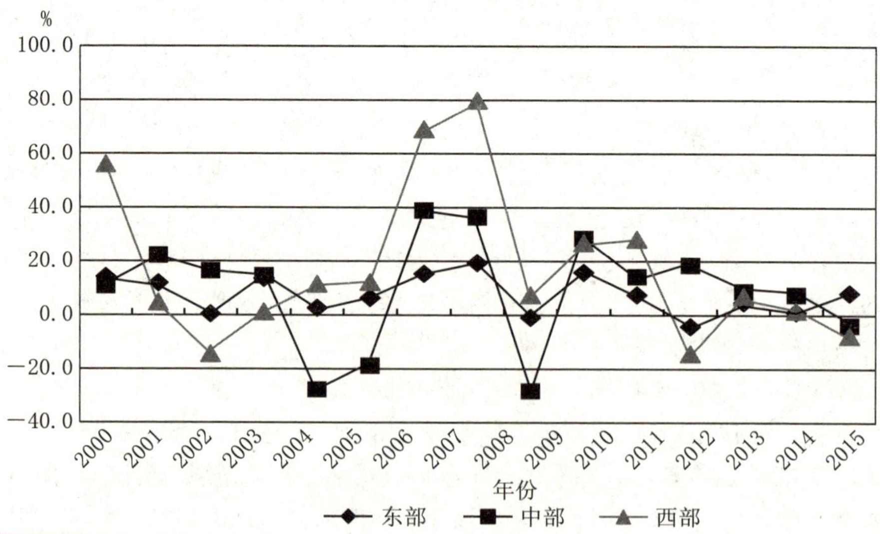

资料来源：作者根据《中国统计年鉴》(2001—2016)整理得到。

图 B3.25　2000—2015 年东中西部地区实际利用外商直接投资增长率

其次,就不同地区实际利用外商直接投资增长速度来看(图 B3.25),2001 年后东部地区增速相对平稳,中部和西部吸收外资增速变化则较为剧烈。值得关注的是,2013 年后中部和西部吸收外资增速还出现了持续的下跌态势,但东部地区增速依然相对平稳。

再次,就不同区域历年实际利用外资占比来看,2000 年后东部地区实际使用外资占比虽然呈下降态势,但变化相对平缓。中西部地区实际使用外资占比虽总体呈现上升态势,但上升幅度亦不显著。这表明目前我国吸收外商直接投资主要以东部地区为主的格局并没有发生显著改变。

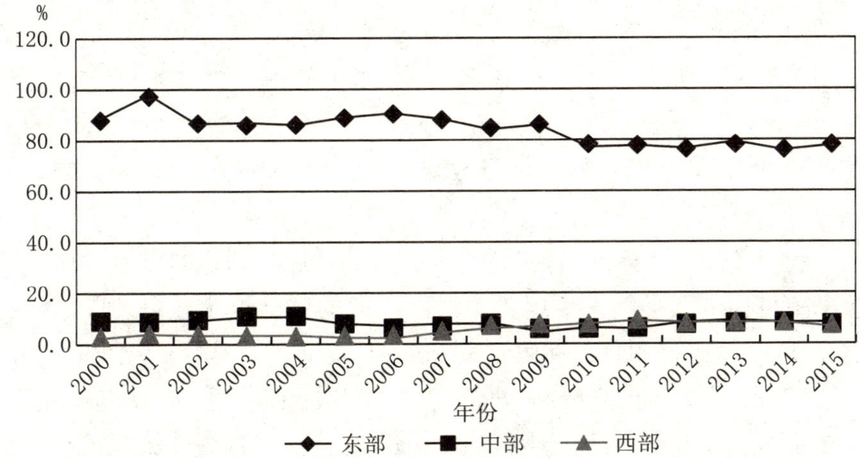

资料来源:根据《中国统计年鉴》(2001—2016)整理得到。

图 B3.26 2000—2015 年东中西部地区实际利用外商直接投资占比

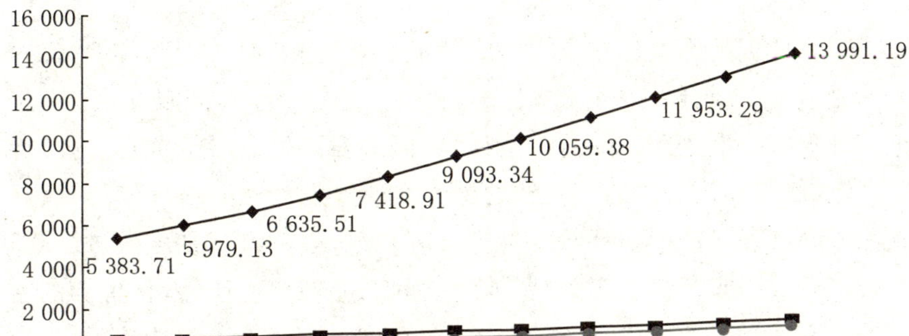

资料来源:中华人民共和国商务部外资统计。

图 B3.27 2005—2015 年东中西部地区外商投资总额

最后，基于我国不同区域吸收外资之特征差异，从 2005 年后不同区域累计使用外商直接投资金额增长来看，东部地区外商直接投资累积增长相对显著，中部和西部地区外商投资资金积累虽也不断增长，但趋势均不显著。

针对以上外商投资区域分布的非均衡态势，一般认为，原因主要包括中西部地区的区位劣势、发展经济的综合条件较差、观念落后，市场化程度低、政策创新之后等。基于多种因素的综合影响，目前中西部地区吸收外资较东部地区存在一些典型差异，值得关注。

一是吸收外商投资总量偏小。20 世纪 90 年代以来，中西部地区吸收外商投资有所发展，在全国所占比重也逐年上升，但与沿海发达地区相比仍有较大的差距。外商投资规模与本地区整体经济规模不相称，外资经济对本地区整体经济增长的贡献也极为有限。统计显示，2015 年中西部地区新批外商投资项目 3 073 个，实际使用外资 203.95 亿美元，分别占全国总数的 11.56%和 16.15%。而仅广东一省，2015 年外商投资项目数就达 7 029 个，实际使用外资 268.75 亿美元，差距可见一斑。①

二是利用非商业性外商投资占比较高。长期以来，国际组织和外国政府的开发援助项目和优惠贷款主要用于中西部地区的基础设施建设。以四川省为例，截至 2014 年底，该省总计利用外资 106.5 亿美元，其中国际组织和外国政府投资 77 亿美元，占 72.3%，外国企业投资 29.5 亿美元，占 27.7%。②近年来，由于国际金融组织贷款业务遇到不同程度的困难，对贷款项目的政策要求和干预不断增强，贷款结构也趋于固化，软贷款数额在逐年减少。加之我国经济实力和人均收入水平的不断提高，获得优惠贷款及无偿援助的难度日趋增大，要求中西部地区吸收外资的方式和结构亟待调整。

三是吸收外资的产业相对集中。统计显示，目前外商在中西部地区的投资项目多为制造业项目，约占 75%以上。③目前，全球经济正在向服务化方向发展，我国近年来吸收外资中服务业占比也最高，但中西部外商投资项目主要以制造业为主，从侧面反映出我国对外开放的梯度推进特征。

国内不同区域间产业转移情况复杂，外商直接投资实现梯度推进面临较多困难。改革开放以来，我国东部紧紧抓住国际产业转移的机遇，将世界的服装、电子等劳动密集型产业同中国廉价劳动力融洽地结合在一起，造就了今日东部

---

① 根据《中国外资统计 2016》和《广东省统计年鉴 2016》相关数据整理

② 根据《四川省统计年鉴 2015》相关数据整理。

③ 张燕文：《西部地区引进外资问题探析》，《武汉金融高等专科学校学报》2001 年第 6 期。

沿海地区的世界制造中心。然而，伴随国际环境的改变与经济运行中各种压力的显现，我国东部的产业结构调整步伐明显加快，产业的对外转移也在快速扩张。在这样的背景下，我国“西部大开发”、“中部崛起”等一系列的区域发展战略均暗含了“东部产业向中西部转移”的重要部署。2010 年出台的《国务院关于中西部地区承接产业转移的指导意见》更是将产业转移视为深入实施西部大开发战略与大力促进中部地区崛起的重大举措，希望通过国内区域间的产业梯度转移来实现东部地区的产业升级、中西部地区的经济发展，并在国内形成一种大国的雁阵发展模式。

有研究利用国家统计局的第六次人口普查数据与第五次人口普查数据，对前期我国东中西部产业转移状况开放分析。分析认为①，尽管我国东部需要转移的产业规模十分庞大，且中西部的区域发展战略也暗含了“东部产业向中西部转移”的重要部署，但整体上我国制造业内的产业梯度由东部向中部西部转移规模有限，具体表现相对复杂。目前，制造业内的产业梯度转移更多还是表现为惯性条件下的“邻里扩散”，转移区域主要集中在东部内部的省（份）之间及其省（份）内部，以及与东部接壤的赣、湘、桂等个别省（份），并未大规模拓展到整个中西部地区。

从制造业内劳动密集型、资本技术密集型、技术劳动密集型产业的分类来看，劳动密集型产业发生了明显的产业梯度转移，但这种梯度转移只表现为由东部向中部的转移，并没有拓展到西部；资本技术密集型、技术劳动密集型产业在东、中、西部之间并未发生明显的产业梯度转移，现有产业转移仍然集中在东部内部的省（份）之间，但开始拓展到与东部接壤的赣、湘等个别省份，出现了由东部内部转移向中部扩散的趋势。

此外，贸发组织《2012 年世界投资报告》显示，2011 年流入东南亚的外国直接投资已达 1 170 亿美元，增速超过中国同期吸收外商投资的增速。这也意味着我国依赖产业梯度转移的区域发展战略也面临着世界其他区域的竞争挑战。

针对外商投资参与梯度推进促进东部产业向中西部转移，有研究认为②，西部地区与东部地区产业级差、产业结构和产业配套能力之间的差距都是导致西部地区吸引外商投资困难的重要原因。一是西部地区的产业发展水平和主要对华投资国差距较大，缺乏承接这些国家产业转移的能力；二是西部地区的产业结

---

① 张国胜、杨怡爽：《我国制造业内发生了区域间的产业梯度转移吗——基于“五普”与“六普”的数据比较》，《当代财经》2014 年第 11 期。

② 杨先明、袁帆：《为什么 FDI 没有西进——从产业层面分析》，《经济学家》2014 年 3 月。

构和跨国公司对我国的投资结构差异很大，缺乏吸引跨国公司进入的主体产业；三是西部地区的产业配套能力比较薄弱，本地企业对外商投资企业的配套能力不足，跨国公司投资成本较高。

优惠政策对改变西部引进外商投资的作用也有限，西部地区应走出“比政策”的误区。优惠政策仅是跨国公司对外选择投资区位时考虑的因素之一。从国内的情况看，对外资的优惠政策已经普及，西部地区难以获得政策上的优势，并且过度的优惠也会造成资源配置的扭曲，如此前提到的“假外资”等。因此，西部地区单纯采用优惠政策来吸引外商投资很难取得明显效果。

相对较低的要素成本也不能明显增强西部地区对外商投资的吸引力。虽然西部地区的土地和劳动力成本比东部地区低，但是并不能抵消西部地区在产业层面的劣势。两个因素削弱了西部地区的要素成本优势：一是劳动力向东部地区的流动和聚集经济的存在；二是世界上其他低要素成本国家的竞争。

3.2 中国积极参与国际分工与贸易，实现在全球价值链上转型升级之特征

结合上述对中国吸收外资政策体系及其效绩的分析可见，中国自实施改革开放政策以来，制定了许多制造业方面的招商引资政策，大力促进外商技术、资本和先进管理方式涌入中国制造业。在各类吸引外资政策的推动下，不仅中国制造业工业产值快速提升，劳动生产率上升明显，还增加了就业，提升了国民生活水平。

通过多年努力，中国在跨国公司全球一体化体系中的角色也逐步发生着变化，参与国际分工的方式也由改革开放初期凭借初级产品和部分劳动密集型产品出口参与国际产业间贸易转向了通过大规模承接国际产业转移，在全球价值链内巩固提升加工制造环节的能力，再到跨国公司逐步将研发等部分战略性环节布点到中国，部分国内企业也开始具备对价值链治理的能力，正成为价值链的潜在发起者。

图 B3.28 列示了基于 OECD 的 Tiva 数据库下的主要贸易国家 1995 年和 2009 年全球价值链参与度指数之变化状况。其中，全球价值链参与度指数是指一国出口中的进口中间品使用部分和出口到第三国后作为中间品再次用于出口部分两者加总在总出口中之占比。通过测算可见，与 1995 年相比，2009 年主要

贸易国家的全球价值链参与度指数普遍上升。由相关数据可见，目前全球主要贸易国家约30%到60%的出口额由价值链内部的中间品投入贸易创造。其中，中国、印度、日本和韩国的表现更为显著。这些国家目前不仅大量使用进口中间品用于出口，且其出口中的相当比例又被作为中间品使用再次出口。

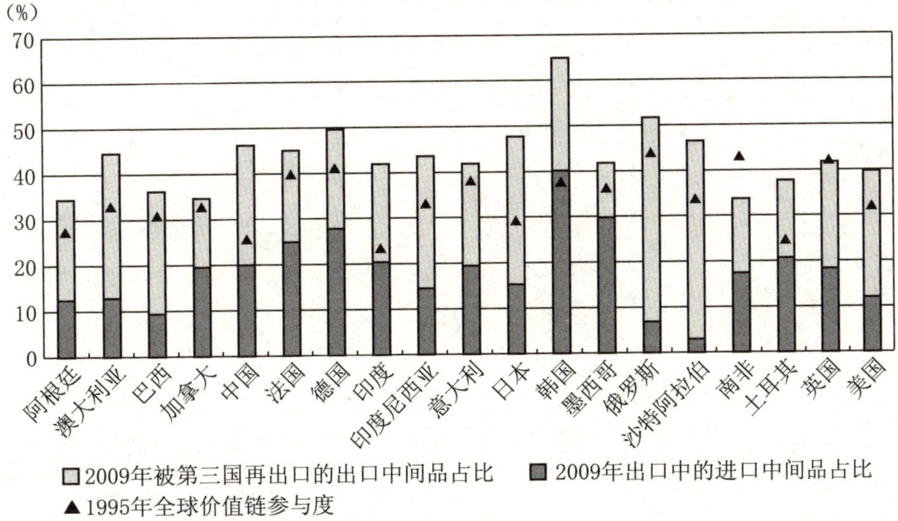

资料来源：OECD/WTO TiVA 数据库。

图 B3.28　1995 年和 2009 年主要贸易国家全球价值链参与度指数之比较

根据欧盟世界投入产出(WIOD)数据库，表 B3.5 按部门列示了中国、欧盟、日本、美国和其他国家在 1995 年和 2009 年的分行业中间品进口情况。根据数据显示，欧盟、美国和日本是全球最重要的中间品购买方。就中国而言，在 1995 年，中国的中间品进口份额还很小，但到 2009 年时，中国采购电气和光学设备、采矿和燃料的份额就已经分别占到全球的 4%和 3%。

表 B3.5　全球主要中间品进口方(按行业，1995 年和 2009 年)

	1995 年					2009 年				
	欧盟	中国	日本	美国	其他国家	欧盟	中国	日本	美国	其他国家
农业和食品业	1%				2%					2%
采矿和燃料	3%		2%	2%	4%	4%	3%	2%	3%	6%
轻工业(纺织，皮革，木材，造纸)	2%		1%	2%	5%					4%

(续表)

	1995 年					2009 年				
	欧盟	中国	日本	美国	其他国家	欧盟	中国	日本	美国	其他国家
化工业	2%			2%	5%	1%	2%		1%	4%
橡胶和塑料					1%					1%
基础金属	2%		1%	2%	5%	1%	1%		1%	5%
机械制造业					2%					2%
电气和光学设备	2%			3%	6%	2%	4%		2%	6%
交通运输设备				1%	4%					3%
运输和物流服务	1%				5%	1%				5%
电信服务										
金融服务					2%					3%
设备租赁和其他商业服务	2%			2%	1%	3%			2%	2%
建筑服务业										
其他服务业	2%				5%	2%				5%
总购买	20%	4%	9%	18%	49%	18%	16%	5%	13%	48%

资料来源：根据 WIOD 数据库下各国的 NIOT(国家投入产出表)计算。

此外，根据 WIOD 数据库，表 B3.6 按部门列示了欧盟、中国、日本、美国和其他国家在 1995 年和 2009 年的中间品出口情况。由该表可见，世界其他国家作为采矿和燃料供应商，占据主导地位，在 2009 年占到了全球 16%。美国和欧盟的出口范围广泛而全面，但其重要性趋于下降；日本出口中间品的重要性下降程度较为明显，而中国的中间品出口份额大幅度提升，尤其是电气和光学设备。综合以上两个方面的分析可见，当前中国已经成为全球最主要的中间品贸易方之一，也客观反映出了中国对全球价值链参与程度之状况。

根据联合国贸发组织相关研究，表 B3.7 反映了不同国家在不同技术复杂度下参与全球价值链之现状，包括从资源型出口到低级、中级和高级技术制造业出口到知识型服务出口。这些国家的升级路径可能涉及产品、过程或功能在不同技术水平上的升级，或在更高技术层面实现多样化或扩展等。测算表明，就

2010 年中国参与全球价值链总体状况而言,在中国出口产品的国内附加值方面,占比最高为精密制造业 30%,其次为低技术制造业 25%,最后是中级制造业 20%,反映出中国在全球价值链上分工位置已实现改善。

表 B3.6 全球主要中间品出口方(按行业,1995 年和 2009 年)

	1995 年					2009 年				
	欧盟	中国	日本	美国	其他国家	欧盟	中国	日本	美国	其他国家
农业和食品业				1%	3%					3%
采矿和燃料	1%				10%					16%
轻工业(纺织,皮革,木材,造纸)	3%			2%	5%	2%	1%			2%
化工业	3%		1%	2%	4%	2%			1%	4%
橡胶和塑料										1%
基础金属	2%		2%	1%	5%	2%	1%	1%		4%
机械制造业	2%					1%				1%
电气和光学设备	2%		3%	3%	5%	2%	4%	1%	2%	5%
交通运输设备	2%		2%	2%	1%	1%			1%	1%
运输和物流服务	3%		1%	2%	2%	2%	1%		1%	2%
电信服务										
金融服务				2%		2%			2%	
设备租赁和其他商业服务	2%			1%	2%	3%	1%		2%	2%
建筑服务业										
其他服务业	1%		1%	3%	3%	1%	1%		2%	3%
总销售	22%	3%	12%	21%	43%	20%	14%	6%	14%	47%

资料来源:根据 WIOD 各国的 NIOT(国家投入产出表)计算。

表 B3.7　2010 年在不同技术复杂度和附加值方面参与全球价值链的国家间比较

国　家	不同技术复杂度出口				
	资源型	低技术制造业	中级制造业	精密制造业	知识型服务业
巴　西	60%	5%	15%	5%	10%
中　国	10%	25%	20%	30%	5%
哥斯达黎加	20%	5%	5%	35%	15%
印　度	35%	15%	10%	5%	25%
马来西亚	30%	10%	15%	30%	5%
俄罗斯	75%	5%	10%	0	0
新加坡	20%	5%	15%	35%	15%
南　非	55%	5%	25%	0	5%

资料来源：联合国贸发组织：《世界投资报告 2013：全球价值链促进发展的投资与贸易》，经济管理出版社 2013 年。

4. 中国吸收外资政策面临的新挑战与调整的新方向

4.1 中国参与全球价值链面临的新挑战与新任务

回顾中国在过去 30 多年的外向型经济发展中，有研究认为，中国对全球价值链的融入是被“俘获”型的 GVC 治理结构。①在此情况下，来自发达国家大买家的订单及其变化的需求，不仅牢牢控制着中国产业的发展方向，而且其表面合理的租金收益也具有十分严重的“温水煮青蛙”效应。这不仅是中国经济发展方式高粗放性的主要原因之一，并且在很大程度上弱化了中国经济独立自主发展的主动性。

在上述发展模式下，首先，中国产业在国际市场上难以发展出著名品牌，难以开发出具有战略控制意义的国际营销渠道和营商网络，更难以具备行业关键核心技术。其次，以低级要素嵌入 GVC 来发展外向型经济，还抑制了企业对产业升级空间的自主选择，是形成改革开放以来中国东中西发展差距日益扩大的主要原因之一。再次，以国际代工为特征的外向型经济发展方式，往往需要动态地引进国外先进设备进行生产。由于先进的、高级要素型的知识资本和技术资本投入不足，中国企业只能通过引进外资的高端生产者服务业来吸收高端的制造业 FDI，这又限制本国的高端生产者服务业的发展余地和选择空间。最后，以低级要素发展外向型经济的方式，不容易形成国际竞争中的差别化定位，相反极易形成以价格竞争为主的低端生产能力过剩格局。②

由上分析可见，当前中国不仅已充分融入全球价值链，并且已经进入了在全

---

① Bazan L, Navas-Aleman L: “The Underground Revolution in the Sinos Valley: A Comparison of Upgrading in Global and National Value Chain” , Paper for Workshop, held at the Institute of Development Studies, University of Sussex, 2001.

② 刘志彪:《重构国家价值链:转变中国制造业发展方式的思考》,《世界经济与政治论坛》,2011 年 7 月。

球价值链上实现持续升级的新阶段。结合前期经验教训，今后中国要在全球价值链上建立起强大又持续的国际竞争优势，就必须改变把开放战略的着眼点和竞争优势建立在初级的、一般性生产要素的发展方式，转而要大力创造、吸收和利用高级生产要素和专业性生产要素，形成中国攀升全球价值链阶梯、发展开放型经济的新的战略性路径。党的十九大报告明确要求我国产业发展要“迈向全球价值链中高端”。针对全球产业布局与发展新趋势，要实现这一目标除去要加快推进企业技术、企业组织创新外，也需要开展相关对外开放政策制度创新，其中就包括探索更加高效的吸收外资政策体系等。

4.2　当前中国吸收外资出现的新变化

2010 年以后，世界经济进入了以价值链升级竞争为基本特征的“新全球化”时代。中国过去 30 年来形成的有强烈绩效特征的吸收外资政策体系已经表现出种种难以适应全球价值链升级竞争新趋势的迹象，引进外资情况也出现了新的变化，这就要求国家吸收外资政策实现新的调整。

4.2.1　当前中国实际吸收外商直接投资额已进入了低速增长、总量趋于稳定的阶段

结合前述分析可见，在国家对外开放战略及历年吸引外资政策的有利促进下，中国实际利用外商直接投资金额长期呈上升趋势。相关统计数据表明，在中国加入世贸组织之后，自 2005 年开始，吸收外资增速出现了显著提升。但是，2008 年国际金融危机后，中国吸收外资额出现下降和波动，但此后又实现了正增长。2012 年之后，随着中国经济进入“新常态”，中国实际吸收外资进入了相对稳定增长的阶段(详见图 B4.1)。

4.2.2　吸收外资产业结构变化显著，第三产业已成主要来源

从中国实际利用外资的产业结构上看，早期第二产业占比较高，近年来第三产业已成为国家吸收外资的主要来源。相关统计就显示，2005 年以前中国吸收的外资主要是以制造业为主，2005 年中国制造业实际利用外资占全部利用外资的 70.95%，达到峰值。此后，在多种因素的影响下，第三产业即服务业吸收外资占比持续上升，且此趋势在 2008 年金融危机后更加显著。截至 2015 年，当年中

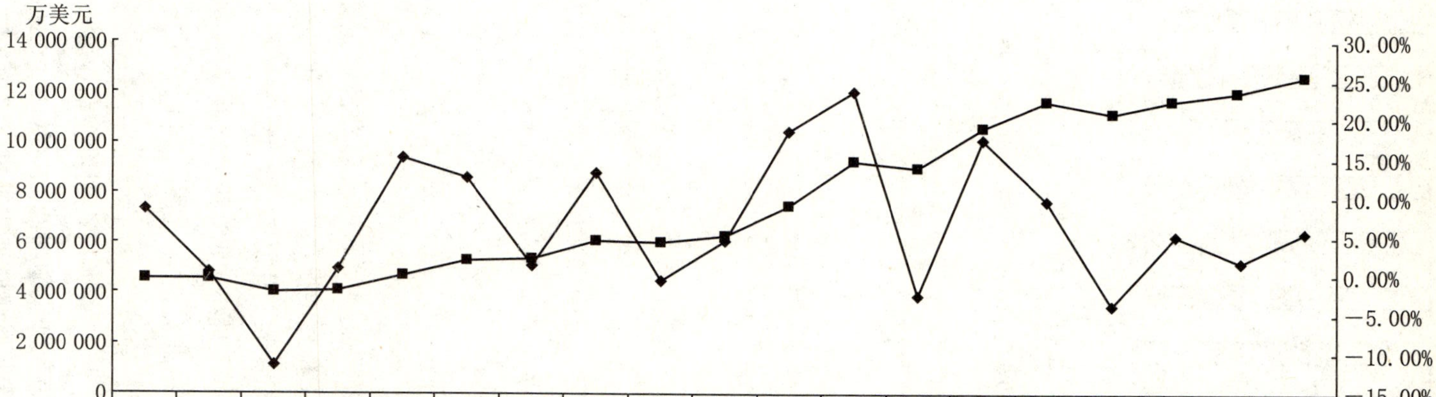

	1997年	1998年	1999年	2000年	2001年	2002年	2003年	2004年	2005年	2006年	2007年	2008年	2009年	2010年	2011年	2012年	2013年	2014年	2015年
实际利用外商直接投资金额	4 525 700	4 546 300	4 031 900	4 071 500	4 687 800	5 274 300	5 350 500	6 063 000	6 032 500	6 302 100	7 476 800	9 239 500	9 003 300	10 573 500	11 601 100	11 171 600	11 758 600	11 956 200	12 626 660
增速	8.46%	0.46%	−11.31%	0.98%	15.14%	12.51%	1.44%	13.32%	−0.50%	4.47%	18.64%	23.58%	−2.56%	17.44%	9.72%	−3.70%	5.25%	1.68%	5.61%

资料来源:中华人民共和国统计局网站,http://www.cacs.gov.cn。

图 B4.1 中国历年实际吸收外商直接投资量与增速

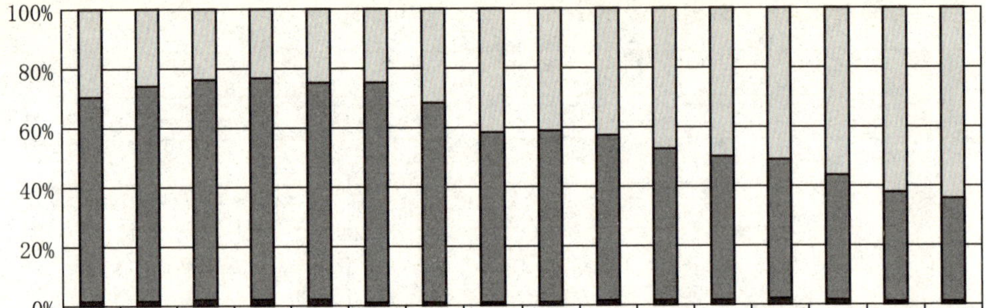

	1999年	2000年	2001年	2002年	2003年	2005年	2006年	2007年	2008年	2009年	2010年	2011年	2012年	2013年	2014年	2015年
□第三产业	1 182 905	1 046 407	1 118 132	1 225 047	1 332 497	1 491 431	1 991 495	3 098 288	3 794 774	3 852 845	4 996 268	5 825 342	5 719 612	6 621 711	7 409 640	8 113 794
■第二产业	2 777 980	2 957 499	3 479 795	3 946 489	3 917 919	4 469 243	4 250 660	4 286 105	5 325 624	5 007 582	5 386 037	5 574 870	5 245 768	4 956 886	4 394 333	4 359 480
■第一产业	71 015	67 594	89 873	102 764	100 084	71 826	59 945	92 407	119 102	142 873	191 195	200 888	206 220	180 003	152 227	153 386

资料来源：中华人民共和国统计局网站，http://www.cacs.gov.cn。

图 B4.2　中国实际利用外商直接投资的产业结构

国实际吸收外资中第一产业的比重为 1.2%，第二产业的比重为 34.5%，第三产业占比达 64.3%。

4.2.3　服务业吸收外资中房地产业等占比过高，宏观经济因素对近年吸收外资影响较大

尽管目前服务业在我国吸收外资产业结构中占比最大，但需要强调的是，其内部结构总体并不合理，其中房地产等受宏观经济因素影响较大的领域占比过高。从图 B4.3 不难看出，2005 年后，外商投资房地产业占外商投资服务业的比重开始迅速增加，近年来总体接近我国服务业吸收外商直接投资占比的一半。此外，近年来金融业实际利用外资占比也较大，尤其是在 2013 年后增长异常显著。由于目前我国金融业对外开放之监管依然相对严格，上述变化趋势也值得引起注意。

鉴于房地产业等吸收外商直接投资受国内宏观经济因素影响较大，本研究拟尝试将房地产业和金融业外商直接投资从中国实际利用外商投资中剔除来观察中国实际吸收外商直接投资的变化特征。从图 B4.4 中可以看到，剔出房地产业后，自 2008 年国际金融危机始，中国其他领域实际吸收外商直接投资增长态势更加平缓，说明房地产业对 2008 年后中国吸收外资的恢复性增长贡献较大。

在剔除房地产业吸收外资的基础上，如果再剔除金融业实际吸收外资额可见，中国 2015 年和 2014 年实际吸收外资额均低于 2013 年。这说明在房地产业和金融业之外的领域，近三年中国实际吸收外资量早已呈现下降态势。

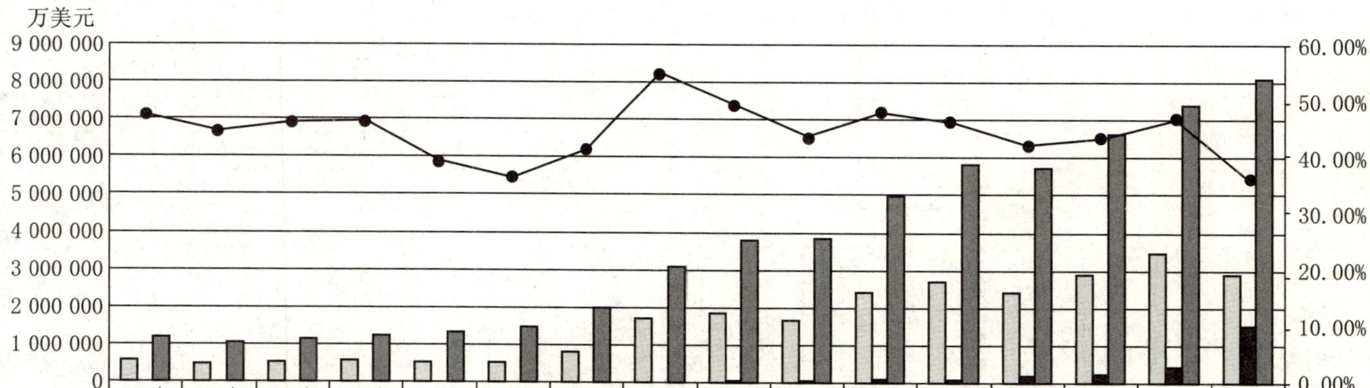

	1999年	2000年	2001年	2002年	2003年	2005年	2006年	2007年	2008年	2009年	2010年	2011年	2012年	2013年	2014年	2015年
□ 房地产业	558 831	465 751	513 655	566 277	523 560	541 807	822 950	1 708 873	1 858 995	1 679 619	2 398 556	2 688 152	2 412 487	2 879 807	3 462 611	2 899 484
■ 金融业	9 767	7 629	3 527	10 665	23 199	21 969	29 369	25 729	57 255	45 617	112 347	190 970	211 945	233 046	418 216	1 496 889
■ 第三产业	1 182 905	1 046 407	1 118 132	1 225 047	1 332 497	1 491 431	1 991 495	3 098 288	3 794 774	3 852 845	4 996 268	5 825 342	5 719 612	6 621 711	7 409 640	8 113 794
—●— 房地产占第三产业比重	47. 24%	44. 51%	45. 94%	46. 22%	39. 29%	36. 33%	41. 32%	55. 16%	48. 99%	43. 59%	48. 01%	46. 15%	42. 18%	43. 49%	46. 73%	35. 74%

资料来源：中华人民共和国统计局网站，http://www.cacs.gov.cn。

图 B4.3　中国历年服务业、房地产业、金融业实际利用外资额

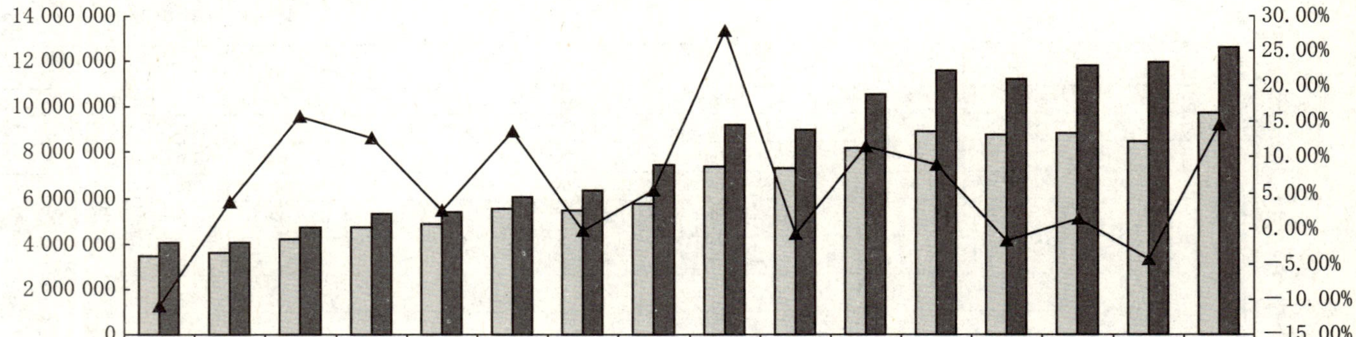

	1999年	2000年	2001年	2002年	2003年	2005年	2006年	2007年	2008年	2009年	2010年	2011年	2012年	2013年	2014年	2015年
实际利用外资(剔除房地产)	3 473 069	3 605 749	4 174 145	4 708 023	4 826 940	5 490 693	5 479 150	5 767 927	7 380 505	7 323 681	8 174 944	8 912 948	8 759 113	8 878 793	8 493 589	9 727 176
实际利用外资	4 031 900	4 071 500	4 687 800	5 274 300	5 350 500	6 032 500	6 302 100	7 476 800	9 239 500	9 003 300	10 573 500	11 601 100	11 171 600	11 758 600	11 956 200	12 626 660
实际利用外资(剔除房地产)增速	−11.07%	3.82%	15.76%	12.79%	2.53%	13.75%	−0.21%	5.27%	27.96%	−0.77%	11.62%	9.03%	−1.73%	1.37%	−4.34%	14.52%

资料来源:中华人民共和国统计局网站,http://www.cacs.gov.cn。

图 B4.4 剔除房地产业后中国实际利用外商直接投资

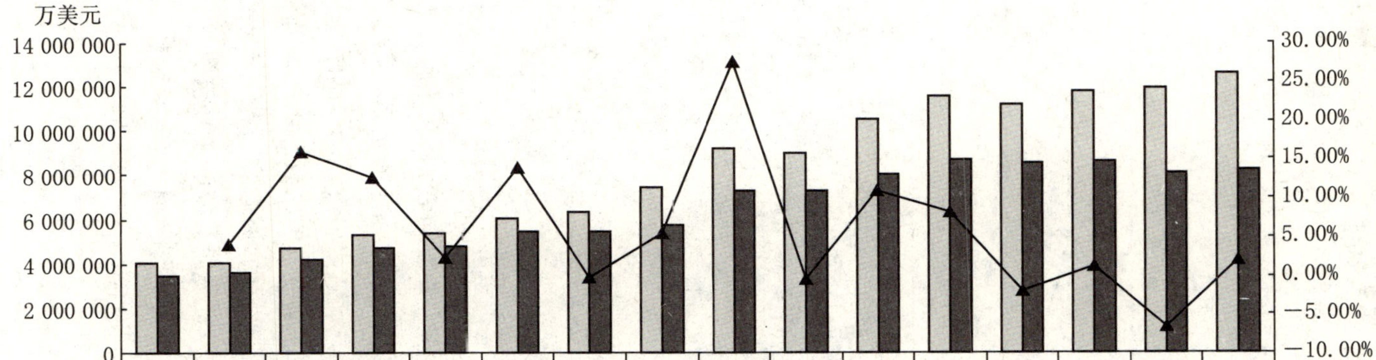

	1999年	2000年	2001年	2002年	2003年	2005年	2006年	2007年	2008年	2009年	2010年	2011年	2012年	2013年	2014年	2015年
实际利用外商直接投资金额	4 031 900	4 071 500	4 687 800	5 274 300	5 350 500	6 032 500	6 302 100	7 476 800	9 239 500	9 003 300	10 573 500	11 601 100	11 171 600	11 758 600	11 956 200	12 626 660
实际利用外资（无房地产与金融）	3 463 302	3 598 120	4 170 618	4 697 358	4 803 741	5 468 724	5 449 781	5 742 198	7 323 250	7 278 064	8 062 597	8 721 978	8 547 168	8 645 747	8 075 373	8 230 287
实际利用外资（无房地产与金融）增速		3. 89%	15. 91%	12. 63%	2. 26%	13. 84%	−0. 35%	5. 37%	27. 53%	−0. 62%	10. 78%	8. 18%	−2. 00%	1. 15%	−6. 60%	1. 92%

资料来源：中华人民共和国统计局网站整理，http://www.cacs.gov.cn。

图 B4.5　剔除房地产业与金融后中国实际利用外商直接投资

4.2.4 近年外资流出加快,外商投资净流入额呈下降态势

就近年来我国外商投资变动态势来看,根据国际组织对中国外商直接投资流入与流出量的估计,中国的外商直接投资流出在 2012 年后速度明显加快,外商投资净流入额已呈显著下降态势,详见图 B4.6。

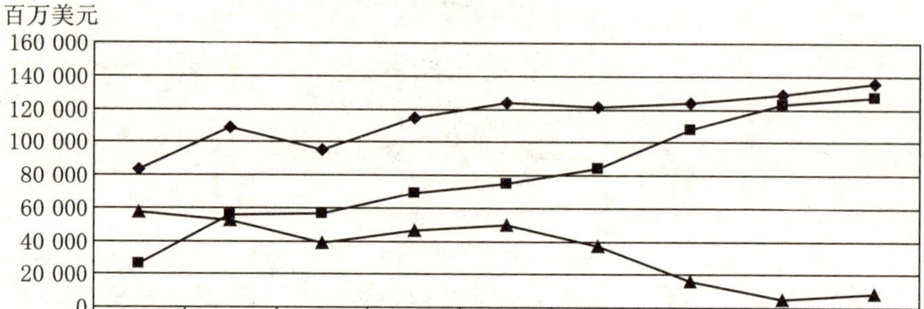

	2007年	2008年	2009年	2010年	2011年	2012年	2013年	2014年	2015年
FDI流入	83 521	108 312	95 000	114 734	123 985	121 080	123 911	128 500	135 610
FDI流出	26 510	55 910	56 530	68 811	74 654	84 220	107 844	123 120	127 560
FDI净流入额	57 011	52 402	38 470	45 923	49 331	36 860	16 067	5 380	8 050

资料来源:UNCTAD: *World Investment Report*(2013—2016),据此整理。

图 B4.6 中国外商投资历年流入与流出量

4.3 关于当前中国积极吸收外资,深化参与全球价值链的总体思路及相关政策建议

当前中国不仅是全球价值链的主要参与者,其在国际分工体系中的角色地位也已变化,成为发展中国家吸收外资融入全球价值链,实现在全球价值链分工中地位提升的典型案例。目前,在"新全球化"背景下,国际投资已经代替国际贸易成为推动全球价值链革命的基本动力。如果我们认识到"新全球化"的本质是知识的全球化,国际投资是知识全球化的载体,那么,一个国家要主动融入经济全球化、积极参与全球价值链竞争,就不但要鼓励对外投资,更要鼓励引进外资。在全球价值链份额竞争的阶段,外商投资是"管理知识全球化"的载体。那种认为中国当前已经进入了"廉价资本"时代,已经没有必要引进外资是十分有害的,因为这样就会把我们自己隔绝在全球创新浪潮之外,失去完成全球价值链升级的重大历史机遇。

在"新全球化"背景下,当前全球价值链升级竞争是以发达经济体依托知识和技术密集的价值链创新端向下游新兴工业化国家劳动和资本密集的工厂端渗

透，以及新兴工业化国家依托市场规模和成本优势向价值链创新端提升的方式展开的。这一竞争过程必定是一个制造与服务、特别是制造与数字服务的融合过程。在过去的30多年中，中国在设计和实施以吸收制造业外商投资的政策体系方面已经积累了丰富的经验，我们有条件，也有必要以参与制造与服务、特别是制造与数字服务融合的全球价值链升级竞争作为吸收外资政策创新的基本目标。

中国“三位一体”的吸收外资政策体系是在长期的对外开放实践中，通过不断丰富和优化逐步形成的，是中国社会主义市场经济条件下的宝贵政策资源。“三位一体”的吸收外资政策体系植根于中国的基本经济制度和政府治理结构的基本框架，没有必要，也没有可能推倒重来。在坚持中国“三位一体”吸收外资政策体系的完整性和稳定性的前提下，按中国吸收外资作为基本国策，以及适应“新全球化”条件下全球价值链升级的要求，强化体系内部的协同性、保持体系的绩效特征应作为吸收外资政策创新的基本思路。以下将就如何确保中国吸收外资政策的绩效特征，保持政策创新活力提出建议。

4.3.1　监管政策创新：深化全面开放格局，建立更加科学的外商投资安全审查制度

一是进一步深化对外开放与贸易投资便利化，确立国家吸收外资新优势。建议下一步可依托长三角地区产业优势、海关监管优势和国际航运优势，探索在国(境)外共建“一区多园”，依托“一带一路”等构建跨国经贸合作园区网络，依托国际化生产网络体系开展吸收外资政策创新。对经贸合作园区内企业生产、加工并经上海自贸区销往国内市场的货物试点选择性征收关税政策，鼓励企业使用中国产中间产品，对进口产品中的国内增加值部分实行免关税待遇。重视推动实施《贸易便利化协定》相关举措，根据我国对外承诺，国际贸易“单一窗口”、确定和公布平均放行时间、出境加工货物免税复进口、海关合作等措施可结合优化关境政策创新尽快在自贸区实施。抓紧推动落实《G20全球投资指导原则》等，探索投资便利化的“中国方案”等。

二是进一步拓展负面清单试点工作，创新外商投资和服务业对外开放新模式。国务院2015年版《自由贸易试验区外商投资准入特别管理措施(负面清单)》发布后适用于各大自贸区。目前，我国外资立法与外资准入的管理规定出现冲突现象，这也要求对现行的投资管理体制进行深入改革，减少行政审批，放宽外资准入，赋予各类企业公平参与市场竞争的机会，提高外资管理体制的透明度。加快发展服务贸易是国家促进外贸转型升级的重要支撑，也是推进供给侧

结构性改革和培育新动能的重要抓手，建议在前期开展服务业外商投资负面清单管理试点的基础上，尽快研究开展对跨境服务贸易和金融服务的负面清单开放试点工作。

三是确立“全生命周期”对外开放理念，事中事后监管创新打造良好营商环境。全球价值链下的市场开放更关注“边境后措施”，强调“全生命周期”对外开放的理念。部分重点横向规则实质上体现了投资母国和大型跨国公司对“边境后措施”的利益诉求，成为东道国引进国际投资，加入相关全球价值链体系的制度性前提与要求，反映了当前各地打造良好营商环境的新方向。我国前期对外开放和外资事中事后监管对相关横向规则的先试先行关注较少，应尽快考虑开展相关创新实践。建议我国应当加强国内规制程序和机制建设，推动良好规制实践。在国内推动规制协调有助于全面梳理我国的法律监管体系，弥补法律法规制定的疏漏之处，建立更加健全完善的规制体系。

四是进一步明确国家安全审查的模糊区域，推进制度建设实现更大进步。2015 年 1 月 19 日，国家商务部在其网站上公布了《中华人民共和国外国投资法（草案征求意见稿）》[以下简称“《外国投资法（草案征求意见稿）》”]，意在为外国投资者及企业在华投资提供一个更为全方位且透明的法律指引。总体而言，在参考美国等国有关国家安全审查立法的基础上，《外国投资法（草案征求意见稿）》对相当部分的国家安全审查内容作出了较为全面的规定，这预示着中国对外国投资国家安全审查制度之建设即将实现历史性的跨越。但该草案内容中若有下述几点改进，将有助于我国进一步为外资构建可预期的安全审查“安全阀”，主要包括对外国投资进行国家安全审查之参考因素相对宽泛，对外国投资进行国家安全审查之监督机制还有待明确，关于我国外资安全审查的救济制度设计也还待讨论等。

五是推动完善对外商投资新模式的监管手段，为吸引外资新模式提供合法合规空间。实践中，VIE 投资等事实上已经成为我国蓬勃发展的互联网产业的基本机制。而且新的《外国投资法（草案征求意见稿）》对于“外国投资”的新定义也可能包括 VIE 结构此种崭新模式，因此，长远而言，我国应在此基础上加快对 VIE 结构投资等外商投资新模式的认可，进一步拓展对外商投资的吸收方式和路径。其次，就跨国并购而言，目前我国规制外资并购的法律法规极为分散，不成体系，缺乏协调性和衔接性，对外资并购中国家经济安全的维护多为原则性的规定，缺乏可操作的具体规则。为此，我国应借助《外国投资法（草案征求意见稿）》修订契机，尽快把“外国投资法”立法议题圈入立法进程，并将当下跨国并购的原则性规定进一步细化、进一步作可操作化处理，充分释放“外国投资法”中相关跨国并购内容对我国吸引外资作用的红利。

六是在公平贸易理念中注入中国关切，为吸引外资提供更符合我国国情的路径。有鉴于美国在新一轮经济全球化“再平衡”中所推动的基于公平贸易理念的规则重构，我国应进一步强调“再平衡”下的公平贸易问题，在公平贸易中注入中国关切。在坚持自由贸易的同时，支持能够共赢的公平贸易。在涉及公平贸易的境内措施上，应与美国等讨论公平贸易问题；在贸易平衡问题上，可以坚持互惠互利的基础上，讨论贸易结果的公平；在竞争中立、国有企业、劳工标准等议题上，提出既能为美国接受、也符合我国利益的中国关切和方案；在边境税问题上向多边平台如 WTO 提出关切，指出其与世贸组织规则的不符之处；在国内税制改革上，要在坚持李克强总理于 4 月 19 日国务院常务会议进一步推出减税措施的基础上，密切关注美国动向同时根据我国国情做出符合我国税收政策的吸引外资的本土之路。

4.3.2　激励政策创新：从直接的收益型激励为主转向间接的体制型激励为主

一是在边境税优惠政策方面。边境税征收便利化政策在下一步还需要继续保留，但不能仅继续满足出口加工型制造业的需要，而且还要更多考虑适应企业实施价值链升级和服务业吸收外资的需要。首先，相关政策创新要进一步向提升产业在全球价值链上地位聚焦。目前，中国向全球价值链高端攀升，谋求在全球分工体系中新地位的必要性和迫切性已经成为各界的共识。我国边境税征收便利化政策也要进一步向提升产业在全球价值链上地位聚焦，结合全球价值链攀升战略开展吸收外资的优惠政策创新。其次，相关政策调整也要更加重视服务业吸收外资政策，进一步优化市场开放结构。

二是在国内税优惠政策方面。首先是要尽快统一内外资政策，实行全面的准入后国民待遇。随着中国改革开放的深化和经济的迅速发展，国家已经逐步扩大了对外资的国民待遇适用范围。外国投资者及其投资在中国进行经营活动时基本上已经享受了国民待遇，同时各地方目前依然存在对外商投资企业给予税收优惠的做法。我们认为，实行全面的准入后国民待遇，就要统一内外资政策，消除内外资企业间的差别待遇，即一方面要防止和消除对外资实行的各种法律上和事实上的歧视，同时也要平等地对待内外资企业，维护内外资企业在市场竞争中的“公平性”。其次是要探索按企业所在行业给予税收优惠，逐步实现优惠政策之产业导向。例如，根据我们对广东地区调研的情况，深圳前海管理局就曾出台《深圳前海深港现代服务业合作区现代服务业综合试点专项资金管理办法（修订版）》、《深圳前海深港现代服务业合作区总部企业认定及扶持资金申报指南》，符合条件的企业可根据自身实际申请综合型、金融、现代物流、信息科技及其他功能型以及特殊型总部。对经认定的总部企业将从集聚、贡献、空间及人才等方面给予一定的扶持，进而吸引总部企业入驻等。

三是在土地优惠政策方面。首先是要更加重视改革存量土地的管理和使用制度，强调土地优惠政策引导产业结构调整。我国东部地区由于对外开放较早，长期采用土地优惠政策吸引外商投资，因此目前外商投资使用土地存量已较高。在此背景下，对已使用存量土地的管理和优化也成为地方政府面临的重要问题。例如，我们的调研就发现，目前深圳部分地区正在探索产业用地出让的新模式，明确产业用地主要面向重大产业项目与重点企业，并提出“税收指标＋持牌金融机构＋转让期限约束”三大条件，制定产业用地出让操作规程，避免出现项目不实、主体不明的情况。其次是要进一步探索优化中西部地区特殊化政策。例如，我们对西南地区的调研中当地就反映，全国“一刀切”的政策设计并不利于不同地区之间的协调发展，各地区或开发区之间往往会在中央政府划定的权限内进行财力竞争，或竞相提供优惠或补贴引进外资，或人为分割市场迫使外资企业在当地投资。针对上述现状，就有必要进一步探索优化中西部地区的特殊化优惠政策，使当地土地资源等在吸收外资方面发挥更加切实有效的作用。

四是在鼓励知识资本投资方面。推动中国产业向全球价值链的中高端跃升，必须实施以创新驱动为核心的发展战略，推进中国开放型经济由简单融入全球价值链（GVC）到深度嵌入全球创新链（GIC）的转型升级。但是，上述发展要求与国内经贸规则体系还存在着诸多不适应之处，有待继续完善。我国外资政策改革下一步也要继续对接创新发展战略，具体包括要提高知识产权保护的力度，吸引知识密集型外商直接投资和提高国内企业创新的倾向；鼓励竞争，通过采用反垄断立法等手段，鼓励公司在经营战略中心的创新；继续完善政府监管模式，为投资研发和创新改善激励因素；促进开放和高效的资本市场，以支持新的创新企业的成立，进入新的市场和创新产品和服务的开发；实施以创新为导向的公共采购政策，尽快参与世贸组织政府采购协定谈判，为我国企业打开在国外的公共采购市场，也为外国企业打开在我国的采购市场；参照国际规则，按照“国际最佳实践”的做法制定技术标准以促进创新，避免最终可能会扼杀创新的国家和国际间的扭曲竞争等。

4.3.3 外资导向政策创新:进一步优化升级产业导向和区域导向等政策

一是在产业导向政策方面,要推动从以制造业领域为主转向以制造与服务业融合的领域为主。迄今为止,中国产业导向政策的设计几乎都是为吸收外商制造业绿地投资而设计的。对外商的服务业投资的管理和政策导向,在具体做法上基本上是套用制造业绿地投资的做法。2013 年上海自贸试验区建立以后,希望在特殊监管区域内,借用"一线放开,二线管住"的货物贸易管理办法,试图通过在特殊监管区内服务业试验建立对外商服务业投资的管理体制创新。但事实证明,这一试验基本上是不成功的。为此建议当前应先从制造和服务的融合点行业入手,重点解决数字服务产品贸易领域和数字服务行业的外商投资准入问题。在外商数字服务企业的投资准入上,应改变目前"一刀切"的粗线条限制的做法,通过负面清单的形式,逐步按细分行业确定例外措施的方式解决最关键的数字服务业准入中的"商业数据自由流动"和"计算机位置限制"问题。

二是在区域梯度推进政策方面,要进一步提高政策的精准性。通过调研发现,用区域差别的直接收益型激励政策引导沿海地区的外商投资企业向中西部转移的做法绩效十分有限。现状是,一方面中西部各省份不惜代价地用税收优惠、土地利益让渡和财政补贴的办法诱使沿海地区的外商投资向本地区转移;另一方面,沿海地区面对突如其来的产业空洞化趋势却束手无策。建议应加强吸收外资区域梯度推进政策的精准性,出台能确实改善中西部吸收外商供应链延伸布局追加投资的创新政策。同时,加大推进沿海地区参与全球价值链升级竞争的吸收外资政策的创新力度。改变目前沿海地区与中西部地区之间对已有的制造业外商存量绿地投资进行惨烈竞争的局面。

三是在特殊功能集聚区政策功能方面,应当依托区域中心城市布局特殊功能集聚区。中国吸收外资的特殊功能区政策目前存在数量过多过滥、建设目标和功能重复、高度分散、无序竞争等弊病。特别是长期以来特殊功能区的"跑马圈地,上基础设施;特殊政策,搞招商引资"式的粗放型建设和运行模式已经完全不能适应全球价值链升级竞争背景下,全球化从"管理知识全球化"进入了高级的"创新知识全球化"阶段的新形势。我们在调研中发现,即便是国务院 5 号文件下达以后,各地开发区也仍然面临使尽浑身解数也无商可招的尴尬局面。建议中国的特殊功能集聚区应该以区域的中心城市为核心进行重新布局,通过实施自由贸易试验区战略,把特殊功能区的功能定位和政策创新平台从过去星罗棋布的开发区转移到有全球或区域影响力的城市群,形成中国以中心城市为核心,以区域城市群为依托的参与全球价值链升级竞争的新的创新知识集聚优势。

图书在版编目(CIP)数据

中国贸易运行监控报告.2018:推动形成全面开放新格局/上海 WTO 事务咨询中心编.—上海:上海人民出版社,2018
ISBN 978-7-208-15423-0

Ⅰ.①中…　Ⅱ.①上…　Ⅲ.①对外贸易-监管制度-研究报告-中国-2018　Ⅳ.①F752

中国版本图书馆 CIP 数据核字(2018)第 208355 号

责任编辑　王　吟
封面设计　陈　楠

中国贸易运行监控报告 2018
——推动形成全面开放新格局
上海 WTO 事务咨询中心 编

出　　版　上海人民出版社
(200001　上海福建中路 193 号)
发　　行　上海人民出版社发行中心
印　　刷　常熟市新骅印刷有限公司
开　　本　720×1000　1/16
印　　张　10.25
插　　页　2
字　　数　178,000
版　　次　2018 年 11 月第 1 版
印　　次　2018 年 11 月第 1 次印刷
ISBN 978-7-208-15423-0/F·2549
定　　价　38.00 元